信任

超给力的销售技巧

吴宥忠——著

中国纺织出版社有限公司 | 国家一级出版社 全国百佳图书出版单位

内 容 提 要

信任力＝销售力。顾客信任你才会跟你买，销售，卖的就是信赖感！一流的业务员花80%的时间去建立信赖感，最后只需要20%的时间就能成交。每一笔成交，都来自客户对你的信任，所有竞争到最后都是人际关系的竞争。所以销售就是在交朋友，最高明的销售策略，就是把客户变成朋友。

本书教你如何让客户与你先交心，再交易，轻松卸除客户心防，带给客户好感度与信赖感，觉得你就是自己人，从不买变想买！进而成为你的死忠客，还主动为你转介绍。

著作权合同登记号：图字：01-2019-5077

图书在版编目（CIP）数据

信任：超给力的销售技巧 / 吴宥忠著. --北京：中国纺织出版社有限公司，2019.10

ISBN 978-7-5180-6313-0

Ⅰ.①信…　Ⅱ.①吴…　Ⅲ.①销售—方法　Ⅳ.①F713.3

中国版本图书馆CIP数据核字（2019）第120894号

策划编辑：郝珊珊　　责任印制：储志伟

中国纺织出版社有限公司出版发行

地址：北京市朝阳区百子湾东里A407号楼　邮政编码：100124

销售电话：010—67004422　传真：010—87155801

http：//www.c-textilep.com

E-mail：faxing@c-textilep.com

中国纺织出版社天猫旗舰店

官方微博http：//weibo.com/2119887771

天津千鹤文化传播有限公司印刷　各地新华书店经销

2019年10月第1版第1次印刷

开本：710×1000　1/16　印张：13.5

字数：293千字　定价：45.00元

推荐序 1

能让我快速对他产生极大信赖感的人

宥忠是我在一场演讲上认识的学员，他上课认真，学习能力也很强，后来有机会跟他密切相处后，发现宥忠其实是深藏不露的高手。宥忠在“2017世界华人八大明师大会”中的表现令我感到惊艳，他很有舞台的魅力，台下学员对他一致好评。当初在他加入“王道增智会”后，我对他就有不错的印象，今年成为王道弟子后我便想栽培他成为国际级大师，他也不负我所望，很多场合也都表现得非常优秀。

这本《信任：超给力的销售技巧》我看完后发现跟市面上同类型的书很不一样，很棒的是里面很多实务的经验分享。一般市面上的书都是跟你说“What & Why”，就是跟你说信赖感有多重要，为什么信赖感很重要，却没有告诉你如何去建立你的信赖感，而恰恰提供“How”怎么去做才是重点。

书中还提到如何去借力，我常常说路不是自己走出来的，而是别人走出来的，成功者一定懂得借力抱团、借势跨界与借智升级！靠社群人脉借力使力，串起同业或异业的人脉，发挥自己最大的影响力。

宥忠本身就是个能让我快速对他产生极大信赖感的人，因此我才会将我的培训事业交给他，因此他才能在短时间内成为我的接班人及史上最快进入我集团高层核心的一个人。做到这些事非常不简单，他却做到了，所以我很期待他这一本书的问世，我甚至还与宥忠共同创办了“全球华语魔法讲盟有限公司”，我看好他会将更优质的培训事业通过这家公司 带向两岸，将台湾人才带向大陆发展，将这家公司打造成两岸华人第一培训品牌。

本书内容贯穿销售完整流程——接、建、初、追、转五大销售系统（接触客户→建立名单与信任感→初次销售→追售→客户转介绍）的主轴，一旦将五大销售系统构建完成的话，将是全世界最高效的销售系统，也期许宥忠能在华人培训界里成为第一名的讲师。

王擎天

推荐序
2

信赖感是所有成交的关键

在此跟大家介绍一位非常年轻的老师，也是我非常喜欢的一位老师，他叫宥忠。他是一位非常诚恳、坦白的老师，跟时下所有教销售的老师最大的不同是他主要强调“信”这个字。人与人之间如何建立信赖感，说来简单做起来不容易，但是只要你依循着宥忠老师的指导，一步步去彻底执行，相信你会一天比一天进步。

“信赖感”是一个非常强大的武器，是贯穿任何销售技巧的核心，更是所有成交的关键。如果你能做到让客户信赖你，所有销售将变得很容易。宥忠老师本身就做到了这一点，我在他身上感受到了“信赖感”的威力，他从一个普通人到快速赢得许多大师及老板的疼爱，都是因为他散发出一种值得信赖的感觉，让我们很想去帮助他、去栽培他成为华人讲师界中不一样的讲师，而他的坦率、亲和力、个人舞台魅力都是我看过的老师中最具潜力的，相信他在培训界可以成为一颗闪亮的星星，为培训界带来新气象。

很期待本书能成为销售人员人手一册的宝典，相信它能帮助更多人改变观念和命运，因为命好不如观念好，你要保持你的心，胜过保持一切，因为一生的成就是由心发出，很开心将这本书推荐给大家。

台湾成资国际股份有限公司总经理

国际创新创业发展协会客座讲师、顾问

黄祯祥Aaron Huang

销售的大绝招：信任

与宥忠认识是在2016年年底的时候，当时是因为要合作一个项目。那次过后我们就陆续有一些其他的合作或共事的机会。

当时我觉得这个人很特别，因为在与他合作的时候完全不会有任何的不舒服感。宥忠时常站在对方的角度思考问题，提供建议和协助。且他身上也很少散发出销售气息，尽管他在从事销售工作的时候也是一样。

我是个网络营销工作者，也是一位网络营销老师，我常与学员提到“信任感”。因为不论是在实体店还是网络上，要让客户埋单都必须建立基本的信赖感。信任能让人与人之间的合作更简单、更容易。当你把与他人的信任感提升到一个层次的时候，甚至客户不需要知道太多你产品的细节，他也会找你购买。

是的！这件事很重要，很多人在讲，却很少人在教，又或者说很少人将它系统地整理并传授出来。而此书与坊间的销售书籍最大的差别就是在这里。书中不去谈太多业务技巧、销售话术，只专注与你分享销售的大绝招“信任”这件事情该如何做、做得好、做到别人的心里。

相信本书对于你一定有帮助，因为就算你不是从事销售工作，但只要你需要与人沟通（家庭、爱情、朋友等），都会需要建立信任。期待你可以从本书中学到许多，也相信宥忠以个人实战经验及真诚的分享，能为你带来收获。

天赋梦想家顾问有限公司创办人&执行长

洪幼龙

自序

客户信不信你，很重要！

你相信参加一场演讲活动就可以改变你的一生吗？

我相信！因为我就是这样改变我的一生的。我是一个再平凡不过的人，因为一场演讲的课程，加入了王擎天博士所创立的“王道增智会”成为会员，是改变我人生的开始，加入王道增智会后，不论是自我的成长及人脉的扩增，都成倍增长，甚至站上国际的舞台、出书、上媒体，等等，最后能成为王董事长的接班人，都是从选择一个正确的平台开始。在这边要感谢我的师父——王擎天董事长的栽培与信赖，还有采舍集团伙伴的帮忙，我才能一圆出书及站上国际舞台的梦想，感恩这一切的发生！

之所以出版这本书，是因为多年的销售经验让我明白很多时候成交的关键并不来自于产品或是业务员的专业。业务员带着满腹的专业知识去向客户进行专业的解说，有时候只是在帮竞争对手做说明，因为客户在了解了产品之后却转而向与他关系良好的朋友购买，只因为对于朋友的信任度比较高。就像我们在诚品或金石堂门市看书，看到了想要买的书，却是选择在网站下单，因为价格比较便宜。

很多人在人际关系上，常常有和对方对不上频率的状态，甚至很多人以为彼此的信赖已经到自家亲兄弟都比不上的程度，实际上对方远不是这样认为。很多人把信赖和信赖感混为一谈了，是不是你也认为信赖跟信赖感是一样的呢?

接下来我举的例子，或许能让你更明白二者之间的差别。现在世界各地的风景观光区，很流行用透明玻璃兴建空中栈道，就是在很高的山上搭建一个步道，步道上支撑我们双脚的是一块块透明的大玻璃，每一块玻璃都足以支撑你身体数倍的重量。尽管那些玻璃的安全系数很高，你要刻意地打破它都很困难，但还是很多人不敢走空中栈道，为什么呢？我们明明知道栈道十分安全，它的材质和结构都是经过精确演算设计而成，安全无虞，但是因为走在空中栈道上，从高处往下看是一览无遗的深谷、断崖，加深了人们心中的恐惧与不安全感。空中栈道是很安全的，却没办法给人们相对的安全感，如果要让不敢走空中栈道的人大步前进，就必须给他足够的安全感。

信赖跟信赖感也是一样，你单方面地认为自己过往的记录都是良好的，没有欺骗过客户的记录，但是为什么你还得不到客户的信任？主要是你没有给你的客户足够的信赖“感”，仅凭你能提供值得信赖的业务是没有用的，因为客户感觉不到，只有你能给客户足够的信赖“感”，你才能成功销售出产品。我们在销售任何产品的时候，都应该把信赖“感”的建立摆在第一，尤其是相似性很高的行业更需要靠信赖感来成交客户，例如保险业、房产、金融相关等，希望每位读者都可以在本书中找到适合你的人际经营模式。

前言

成功销售秘诀在“信赖感”

有一句名言这样说：“一个人能否成功，不在于你知道什么，而在于你认识谁。”斯坦福研究中心曾经发表一份调查报告指出，一个人赚的钱，12.5%来自知识，87.5%来自关系。人脉，也就是你创造富贵的“金脉”，在有良好、优质的人脉之前，要知道如何拓展自己的人脉，在哪里可以认识这些人？怎么认识新朋友？人家为什么要认识你？如何借用别人的人脉？怎么利用团队？

以二八法则来说，本书会用80%的篇幅说明如何与他人建立联系，进而发展紧密的关系，只20%会在销售部分着墨，因为你只要将那80%的部分处理好，另外那20%可以说是水到渠成。最重要的是，学会了书里的每一个技巧，你一定要去一一行动，行动才能知道自己的不足，行动才能修正错误。如果给你一把枪，要你去打一个50米之外的靶，你从早上瞄准到晚上都还不扣下板机，直到深夜才觉得瞄准好了开出第一枪，因为瞄准时间长就一定能中吗？但是如果你一拿到枪，瞄准了就开枪，没中，再以第一枪的经验来修正第二枪的准度，开第二枪没中，再准备第三枪……每一枪射中的距离会离靶心越来越近，也许第四枪就打中红心了，整个过程可能花费不到10分钟，但如果只瞄准不开枪，那是很难修正你的错误的。

只有行动可以改变命运，当你业绩不好、人脉不多的时候，请你不要待在家里，走出去，去接触人群、接触市场，书上提到的技巧也许不是每一项都适合你，但你可以自行调整修正，熟练了每一项技巧，你就成功了。

我一开始接触业务工作的时候，前辈们教导了很多业务方面的知识和技巧，这些技巧运用在业务领域，的确有很大的帮助，但是我发现技巧是死的人是活的，一次经验让我终生难忘：有笔订单的洽谈，前期双方谈得很顺利，最终却没能成交。当时，我的产品知识、态度、应对、礼貌都做得很到位，洽谈得差不多时，采购小姐对我说隔天就会下订单给我。第二天一早我礼貌性地打电话问候，她却没有接电话。第一通没接，我只是单纯地认为可能她在开会，业务的训练让我知道不能太急迫，不能发起夺命连环call；半小时过去后我再打第二通电话，结果还是没有接；半小时又过去了，我接着打第三通电话，是她的同事接的电话，并告知我她在忙，不方便接电话，有事情她会主动跟我联系。此时我已明白，我的订单没有谈成。当时我心里充满了疑惑，是我哪里做错了吗？我得罪她了吗？产品品质不好吗？还是价格比其他竞争对手高？不对！以上这些问题都不存在，因为在她口头说要给我订单的前一天，我们在电话里都已确认过这些问题。之后我当然想尽办法查清楚状况，最终从同是竞争对手的厂商那里得知，原来是半路杀出程咬金，原本要给我的那笔订单，被另一家不知名的小公司捷足先登了。我详细调查发现那家公司的产品品质、公司规模、业界口碑、产品价格、专业技术、服务态度、交货速度，都不如我的公司，为什么客户选择了他们呢？

这件事情三个月后，我由另一位同行的口中得知，那家得标公司的业务员是那位采购小姐的高中同学。这位业务员刚进入这行，她对产品的专业知识不熟、开出的报价也比我们高、装机服务没有我们贴心，更别提售后服务了，但因为与采购小姐的一份同学情谊，他获得了订单。那天采购小姐不接我电话是因为她觉得失信于我，这件事情给我上了很大的一课：关系在很多时候大于任何产品知识、业务技巧及最终价格。

同一件事情在几年后角色却调换了。那时我从事保险业，保险业一开始都被教育要从亲友开始拜访，我却不太敢向亲朋好友推销我卖的保险，所以最初都是陌生开发。这一时期，我拜访客户跑得很辛苦，努力持续了一阵子，业绩却不见起色，当然很气馁，一些负面的情绪、想法纷纷冒出来，疑惑自己是不是不适合做保险这行。那一天我和一位初次见面的客户约在星巴克谈财务规划，我自认这方面的知识足够专业，准备非常充足，谈吐穿着也很到位，经过两个多小时的访谈，给了许多的规划案，客户始终没有点头签单，最后落得“再考虑看看”的官方说法。因为这个客户在一开始接触的时候对我十分友善而且他主动提起他有兴趣，所以我认为成交概率很高，但最后还是以不成交收场，这样的落差让我十分沮丧。当下我也没有心情再去跑其他的案子，刚好想到附近有一位之前爬山认识的朋友林大哥，彼此很聊得来，又很久没见面了，就想去找他纯聊天。

我到林大哥公司时大约是下午一点，因为我没有事前预约，林大哥当时正和人谈事情，让我在一旁稍等，秘书将我安置在他会议室的一处会客区，我打开笔记本电脑准备上网打发时间，却听到了林大哥与另外两位的谈话。因为会议室只有简单的OA屏风分隔，所以他们谈的事情我听得一清二楚，原来那两位是同行，也是保险业务员。过程中我听到对方的财务规划和保障条件其实不会比我的方案差，而且他们还主动提出可以帮林大哥争取多3%的现金回馈。可能是考虑到我在等他，我感觉林大哥在催促他们赶快结束，下次再约时间来谈，果然不到10分钟，那两位就离开了。

之后林大哥和我天南地北地聊开了，兴奋地说他最近去菲律宾玩飞行伞的体验，一聊就是两三个小时。林大哥问我怎么穿得那么正式，我才说出我现在从事保险业，并急忙解释不是来卖他保险的，只是因为早上的案子谈得不顺利，就想来找老朋友“疗伤”。听完这几句后，林大哥问我手上有没有跟刚刚那两位同行差不多的产品，我回答保险都差不多的，只是产品组合的差别，可以组合出类似的商品保障内容。我讲完之后，林大哥就接着说：“那你把合约拿出来，我跟你买一份保单。”尽管此时我建议书都还没有打开也还没有向林大哥详细说明保险内容，林大哥却毫不介意，甚至没有细看保险合同就直接问我在哪里签字，并表示将其余事项交给我全权负责。就这样，我意外拿到了一份大合约。我没有出让自己的佣金来回馈客户，没有讲到有关保障内容的任何一个字，没有在合同上写任何内容，花了不到三分钟就签下了一笔大单。前面的同行做了三次拜访，也送了一些礼品，却没能拿下订单。此次的经验让我想起几年前莫名其妙失去订单的情况，只是我变成了那个半路杀出的程咬金。然而，深究起来，我并不是靠那三分钟时间就拿下了订单，是靠之前我和林大哥每次出去爬山建立的友谊和信赖感。此后多次经历了类似的情况，我发现产品、专业、价格、服务这些都比不上信赖感。我不是说其他的不重要，只不过那些是做业务的基本要素，作为成交的促成工具就远不如信赖感了。

先卖自己，再卖商品

我曾经上过日本销售之神松桥良纪的课程，他认为做业绩“拉关系最重要”。

科技逐渐取代人力，如何让自己脱颖而出，学习创新技巧成为不二法门，而松桥良纪独创的“聆听式销售法”，成功地让自己的月薪从20万日元暴升到100万日元。他不止一次强调，成功销售秘诀在“关系”。

松桥良纪指出，业务员必须先卖自己再卖产品，他说：“这个时代，业务取胜的关键，在于具备‘建构信赖感’的技巧。”知道如何与客人聊天才能让他卸下心防，你就能更快地成交。

26岁就从青森乡下到东京打拼做业务的松桥，曾经认为用心做好产品介绍客户就会购买，结果讲越多业绩越烂，连续3年垫底，差点被开除。但参加业务课程后，他体悟到“少说多听、问对问题”才是王道。一个月后，他的业绩就从后段班冲到全公司430位业务人员中的第一名，月薪从20万日元暴涨到100万，翻身超级业务员，进而受邀接受NHK电视台、《钻石周刊》《东洋经济周刊》等媒体采访。

松桥良纪被称为“沉默的销售之神”，其高业绩的秘密武器，是独门绝招“下巴附和法”。一旦附和了对方动下巴的频率，就会连声音、表情、说话的速度和节奏、呼吸等，都和对方一致，信赖感也会大幅升高。“实验证明，听人家说话的时候，会跟着动下巴、点头附和，和完全不这么做的人相比，对方的发言概率会增加48%。”这种种做法无非都是为了提升与客户的信赖关系。

你必须先花80%的时间，去创造20%的成就，如果成功要花5年的时间，你就必须花4年的时间打基础，但是最后20%的时间，会带来80%的成就，也就是你努力了4年会觉得怎么没有什么成绩，可是最后一年的努力倍增，所有成就都出现了。

日本销售之神原一平，曾经卖出一个大保单，在谈成那笔大单的过程中，保险的专业和业务技巧只占20%而已，而另外80%的时间都花在建立信赖感上。首先他会选定目标客户。他想到有钱的企业家都有打高尔夫球的习惯，于是他先去知名的高尔夫球场观察来往的车辆，看看哪一台车是名贵的车种，锁定一位企业家后开始观察，观察他的穿着、打球姿势、球鞋品牌、喝什么饮料、用什么牌子的球具、在球场的早餐都吃些什么、穿什么牌子的运动服、戴什么牌子的太阳眼镜，观察好一阵子后才开始接触。首先，原一平会先穿和目标客户一模一样的运动服、用相同品牌的球具，打球的姿势也调整得和对方一样，球鞋也是一样牌子同个款式颜色，然后提前出现在目标客户面前打球，当那位企业家客户到球场后自然会被穿着一模一样的人吸引，等看到使用的球具一样、鞋子的品牌款式颜色一样，甚至连挥杆姿势都很像，当然就会好奇地前往问候。随后他们一起在球场共进早餐，当然原一平会先点餐，这时那位企业家会发现"天啊！你吃的也跟我一模一样"，当然这都是原一平观察过的，之后聊天的内容当然也是他设计过的。所有的一切都是为了迅速与企业家拉近关系，以便建立强烈的信任感。之后两人相谈甚欢，企业家邀请他周日来家中聊聊，原一平则说不如来他家吧！原一平早就按企业家的喜好设计了家里的摆设，企业家到原一平家里吓了一跳，因为他看到原一平的车竟然跟他一样都是宾士，而且是同款式，同样都是黑色，进入原一平家中就像是回到了自己家那般熟悉。没多久原一平就拿出他公司的一些产品建议规划书，因为信任度够所以也没有太多的反对意见，而且对方也没有进行所谓的比单，就顺利地签下了一笔大合约。看看这个成交流程，原一平先花了80%的时间进行调查和拉关系以培养信赖感，最后只花20%的时间提出方案促成合约。但是，一般的业务员恰恰相反，只花20%建立信赖感却花80%提出方案促成合约，这样会导致信任度不够，客户就算觉得产品好，也会找其他家的产品进行比单杀价。试想，如果你今天跟原一平一样是卖保险的，你觉得你找死党卖保单比较容易还是陌生人？相信这是你我都知道的，很多保单都是捧场性质的，对方买的时候完全不会在乎保单内容，他只在乎有没有帮到你的业绩，所以我们应该先建立信赖感之后再来销售产品。

写下五个你身边与你的事业或所从事的产业有关的人，他们能够成为你的助力吗？

1.____

2.____

3.__________

4.__________

5.__________

如果没有，你想从哪五个渠道攫得这样的人脉？

1.__________

2.__________

3.__________

4.__________

5.__________

写下五个你要与之持续互动并永续经营与他们的良好关系的贵人。

1.__________

2.__________

3.__________

4.__________

5.__________

目录

前篇 别做让信赖感扣分的事

1 别为他人而活

我相信你一定有过这种经历，就是被长辈说教的当下常常感到不耐烦，只想赶快逃离现场，但夜深人静的时候回想他们讲的话，其实八九成都是有道理的，为什么当下听不进去呢？

因为顺序不对了，一样的事情，顺序不同，结果就完全不同。喜欢说教的长辈们其实犯了一个错误，就是顺序不对，“应该是先处理情绪，再来处理事情”。人际关系中最重要的就是情绪问题，因为人不是机器，人有高潮低潮，喜怒哀乐，所以人际关系首先要注意的是不能弄糟对方的情绪。

法国著名作家保罗·萨特说：“别人，就是地狱。”为什么别人是地狱呢？例如，一名女子35岁还没有结婚，也没有对象，她自己过得很开心、很自由，很享受单身生活。但每当过年过节一些亲戚们总是不忘逼问她：“什么时候结婚啊？干吗那么挑呢？随便找个男生吧！”那个时候他人是地狱，三姑六婆是地狱，隔壁的王大妈一直帮她介绍相亲对象，王大妈是地狱。当你考试考不好时，你自己已经很自责内疚了，隔壁的同学说：“我考了100分！”老师也对你说：“你没看到很多人都考100分吗？你怎么考得那么差。”回到家妈妈不满地说：“你怎么连隔壁的小明都考不过？”别人，是地狱。考100分的是地狱，老师是地狱，妈妈是地狱，隔壁小明是地狱。所以别人是很容易变成地狱的，除非你身边环绕的人是有同理心的人。

我们对于自己的人生应该怎么过都有自己的想法，但如果把这种枷锁放到别人身上，认为别人要依照你以为正常的方式来过生活，才是正常的，那是不对的。

以前我朋友曾向我抱怨过一件事。她跟她先生结婚两年多，一直没有小孩，不是因为生不出来，而是因为他们想先专心打拼事业，加上也觉得二人世界挺好的，所以一直没有积极的生育计划。但是有一次她婆婆无意中听到隔壁的邻居说，她没有小孩可能是生不出来之类的，附近的邻居也说这样不好，结婚就是要有小孩才是完整的家庭。她婆婆非常生气，回去就对两夫妻下最后通牒，要他们生一个出来，不然会被邻居看笑话。

我朋友为了婆婆的面子，为了不让邻居说是非，开始准备怀孕，一年后小孩出生了。因为是双薪家庭，两个人都要上班，小孩常常半夜哭闹，婆婆因有高血压也没有办法帮忙照顾，一家人常常为了谁来照顾小孩而争吵，甚至几次闹离婚，婆婆也因为小朋友要找保姆很是头大，因为请保姆要花一笔钱，又怕保姆会欺负她的孙子，自己带又没办法，要媳妇辞职自己带，家里的房贷车贷又不可能只由一个人负担，原本好好的生活就因为当初别人的闲言闲语而变得如此辛苦。有一次她婆婆终于爆发了，跟邻居抱怨说都是他们当初的一番话，才让他们家现在过得那么辛苦，但是邻居说她们完全不记得有这么一回事，不记得有说过这些话，还反过来指责她婆婆太自私，都是为自己想……是不是邻居是地狱，婆婆是地狱？所以我们不要认为我们无心的话无伤大雅，很可能对他人来说就是一个地狱，更不要当别人的“十八层地狱”。

2 改掉不想麻烦别人的习惯

很多人认为，不跟银行借钱是最明智的事，因为日后买房子若需要贷款，银行会因为你没借过钱，判断你不需要借钱，信用良好，从而给你最高的贷款额度和最低的利率。但事实上并不是这样！你不曾跟银行打过交道，银行不清楚你的信用如何，反而不会那么容易借钱给你，反而是那些曾经跟银行借过钱并且还款正常的人的信用评分会比较高。

昔日在上海滩大亨杜月笙曾说："从来不麻烦别人不叫人情，人情是你麻烦了人家，然后你懂得怎么还回去，那才叫人情。"夫妻间也是一样。之前听过一个故事：有一对夫妻，先生是上班族，他的妻子得了癌症，体力虚弱，需要长时间在家休养，但是这位先生每天都会在中午休息时，打电话交代她，晚上想吃什么、喝什么，还要有什么甜点，希望她能帮忙准备好。一天、两天，天天都这样，同事终于看不下去了，指责他怎么那么不体贴，在妻子重病时还这样麻烦她。他这才跟同事说，他不得不这么做，他当然很心疼老婆，但是这样做可以让妻子暂时忘记自己是个病人，觉得自己也是被需要的，让她有存在的价值。他的妻子虽然需要花费一定精力准备这一切，但内心是满足的，明白丈夫还是需要她的。如果丈夫怕她累，不再麻烦她了，会让她失去了存在的感觉，反而是一种伤害。

有一部电影叫《触不可及》，是由一名法国富翁的自传《第二次呼吸》改编而来，描述了一个黑人小伙子和残疾富翁的故事。影片中，黑人德瑞斯刚从监狱出来，想着怎么养活住在巴黎郊区的一大家子，得知富翁菲利普家在招募佣人，他想若是应聘不成也能靠富翁的拒绝信去领取失业救济金生活，就准备去碰碰运气。黑人因为觉得自己不会被选中，所以应聘时态度比较随意，不像一般人看到残疾人那样小心翼翼，富翁却恰恰因此很中意他，因为富翁感觉受到正常人般的对待，没有丝毫被人同情的感受。所幸，黑人也还算尽职尽责，他习惯在工作后带富翁出去溜达，虽然他随性且自由散漫的生活方式与这豪宅格格不入，却也打开了富翁心中的郁结，两个人相处得很融洽，也互相改变着，原本胸无大志的黑人被富翁的生活态度所感染，而富翁也被德瑞斯照顾得很好。剧中，残疾的富翁之所以喜欢被黑人照顾，最主要是因为他被当成正常人而非残疾人看待。这就是社交货币的发行，与和银行打交道的道理是一样的。

所以，不要怕去麻烦别人的原因是，第一，别人被麻烦的时候他会感觉到被你所重视；第二，当你麻烦别人的时候，表示你跟他的互动是频繁的；第三，只要他愿意帮你，他的心里一定是认同你的，当知道了这一点，你可以趁势加深二人的交往，应该适时地还人情，这样的人情有来有去，有流动的人情才能长久。

莎士比亚名著《哈姆雷特》里提到，一个父亲在送他孩子远行的时候，对孩子说："不要借钱给别人，也不要跟别人借钱。"这是一个父亲对儿子的嘱托，然而，这个嘱托会害了孩子的一生，因为寻求帮助和帮助别人才是人脉建立的有效方法。如果人情是一种货币，你就应该发行你自己的社交货币，麻烦别人正是发行社交货币的基本方式。社交货币的流通遵循这样一种规律：人家借你一万元的社交货币，你应该连本带利地还给对方一万多的社交货币，如果一时还不起，至少应该每一段时间付点利息，让他们知道你懂得人情往来的道理，让他们没有"亏"的感觉。

请记住，还回去的社交货币一定要比当初借的多，这句话的意思不是要你花更多的钱，而是你要让对方感受到你的诚意和用心，那才是社交货币流通的重点。

3 话题不能总是围绕着自己

每个人最感兴趣的便是自己，当我们拍团体照的时候，拿到相片一定会先找自己。如果照片刚好拍到你闭眼睛，你就会说这张相片拍得不好；如果是别人闭眼，你就觉得还好。由此你就知道，如果你和别人聊天只顾着聊自己的事，那可是会令人受不了的。

例如，小孩都念同一所幼儿园或学校的妈妈们聚在一起聊天时，有某位妈妈显得特别健谈，你若仔细聆听她们之间的对话，会发现当别人一开口说话，这位妈妈就会立刻抢过话题，说“哎呀！我也是这样耶”然后便自顾自地聊下去，也不管人家原本是想讨论什么问题，只一味沉浸在自我的世界里，口中不断叨叨絮絮：“我的情形是这样……”可以想见，在众人齐聚聊天的场合，这种人势必会受到孤立。

这类人往往只关心自己，成天尽是对着毫不相干的人诉说自己昨天做了什么事、小孩怎么样的。当然不只是妈妈们会这样，不少男士也会如此，例如之前就曾听过同事们聊的是：

“昨天我老婆生病了，害我照顾小孩照顾到半夜，结果小孩还说……”“刚刚我遇到一个人好有意思喔！你知道吗？他以前曾经照顾过我，我和他已经有十年没见了……”“我的祖父是92岁的时候过世的，他做人非常好……”而这些话题，居然不是发生在下班后大家一起去喝酒闲聊的场合，而是在上班时间对着同事说的话！被迫听这些闲话的人，往往以为话题可能慢慢地就会转移到工作上，于是怀抱着耐心姑且听之，结果预期总是落空，话题最后还是始终绕着说话者打转，这种人就算是碰到长辈，依然会我行我素。长辈在和我们说话时，你的确不容易打断他，但这类人总能找到可以切入话题的空当，而且只要插话成功，马上就会把话题转到自己身上。他们所谈的话题，倒不一定都在吹嘘自己，有时可能也会聊聊他失败的经验，或者是闹过的笑话，偶尔也会有主动“关心”别人的时候，比方说，他可能会问你：“你昨天在干吗？”但你可别开心得太早，这只不过是他为了自己可以接着聊“我呀，昨天做了……”而埋下的伏笔罢了。换句话说，当他主动问你：“你曾出国去过哪儿吗？”很可能接下来他就等着跟你说：“我曾经去过……”他们讲话习惯预留伏笔主要是因为他觉得一劈头就聊自己的事可能不太礼貌。然而，他们并不是真心对你的话题感兴趣，他们所在意的只有自己，以及围绕在自己周边的事物。他们几乎不关心眼前人在说什么，把心思全放在如何瞄准空当，以便把自己的话题插进去。

许多人刚开始与这样的人交往的时候，都会觉得这个人性格很开朗，善于交际。如果仔细听他说话，可能还会觉得内容很有趣。但如果每一次听到的都是关于他自己的事情，相信任谁都会感到厌倦吧？

人与人之间的对话，应该建立在双方相互的了解与意见的交流上。对于这种焦点全放在自己身上的人而言，他就是舞台的焦点，与他交谈的对象就好比台下的观众，他满脑子想的就只有如何表现自己而已。而像这样是不可能有任何沟通效果的，即使在交往之初给人的印象是新鲜有趣，最后不免还是会遭到对方排斥。

因此，你必须警惕，不能让自己这种习惯。首先，你要时刻提醒自己，多听别人说话，要达到这个目的，你得对他人的话题感兴趣才行。在仔细聆听的过程中，你会慢慢地了解到说话的人有什么样的想法，甚至因此了解他的人生观是什么，而当你逐渐懂得欣赏别人说话的乐趣时，你就不会再执着于只聊自己的话题了。切记，如果你想要好的人际关系，不要把话题都围绕在自己身上。

4 不要什么事情都往坏处想

如果遇到负面人格的人，能跑多远就跑多远，因为对于任何事情，他们都会往不好的方向思考。如果你不希望成为他下一个批评、唱衰的目标，就尽量远离这样的人，而你自己也不要成为这样的人。以前的我很爱交朋友，白领、蓝领、打工小弟、老板、总裁皆来者不拒，所以我算是个朋友很多的人，也一直觉得朋友很多是好事。但是随着年纪渐长，我渐渐感觉自己不再像年轻时那么喜欢交朋友，因为我发现，朋友的数量就算再多，也不如几个很好的知己，朋友的质量比数量还重要。朋友的好与坏，真的会影响我们的生活质量，你跟谁绑在一起会决定你是谁：你跟郭台铭走在一起，你就是企业家，至少在别人眼中你是这样；跟吴宗宪走在一起你就是开心的人；跟我师父王擎天董事长在一起，你就是个有学问、有涵养的讲师；而跟负面人格的朋友在一起，你肯定变成负面思考的人。朋友的格调会决定你带给人的印象，甚至可以说要观察一个人，就先观察他身边的朋友，所谓“物以类聚”就是这个道理。

那些头顶上总是“罩着乌云”的人，很爱批评别人，愤世嫉俗，喜欢骂人、毁谤别人，情绪管理不佳，这样的人我能避就避，能不交朋友就不会跟他们来往，与这样的人交朋友，你就会变得跟他们一样，成为充满负面情绪的人，对你来说，绝对不是好事。

要如何判断对方是不是负能量的人呢？首先他们爱争执，有人得罪他，就一定据理力争到底，总爱攻击别人，凡事不合他的意绝对不给人台阶下，喜爱羞辱人，他不会真心地祝福你，也不会替你的幸福或成功感到快乐，去餐厅吃饭喜欢挑三拣四。或许当你与他同一阵线时，他会和你一起批斗别人、一起讲别人的坏话，但是你要想，如果有一天，你跟他不是同一阵线了，意见不同了，甚至有利益冲突了，他就会用同样的方式对你。

负面人格的人看待事物的角度也不一样，例如我看到成功人士，会想要向他们学习，希望有朝一日自己也能像他们一样有成就。但是负能量的人就会想到嫉妒、不满，怨自己时运不济，遇到好事总是会诅咒、看衰别人，有明星结婚就酸人家早晚会离婚，有人谈恋爱就等着看人家分手，任何事情都令他们充满了怨念和不满。遇到这样的人，能离他多远就多远，不要去想改变他的性格，这是无法改变的。切记不要跟这样的人往来，即使他在你的面前表现的是好朋友的样子，但他在别人面前说你绝对不是这么一回事。

多跟正面思考的人交朋友，正面思考的人永远会鼓励你，真心希望你幸福快乐，希望大家都好，而不是只有他自己好，别人不好。每个人都一定会有负面情绪，但我们要避免被负面情绪牵着走，避免做那些令我们后悔的事。这时候你需要正面积极的朋友来陪伴开导，你也要学着处理自己的负面情绪，学会接受，让自己成长、坚强，当你越来越正面、越来越积极，那些不是真心的朋友、不适合你的人，就会自动消失在你的生活中，不用怕朋友变少，只要真心的留在你身边就足够了，所以我再也不追求当个“人缘好”的滥好人。

5 得理不饶人，伤人伤己

“有理也要让三分”，这是一种胸襟、一种大气、一种潇洒，更是成功者的特质，俗话说：“有理走遍天下，无理寸步难行。”生活在这个世界上，我们凡事要讲道理，但是，如果我们因为自己有理就“理直气壮”，得理不饶人，使得对方“理屈词穷”，就是在茅房里撑竿跳——过分了。尤其是在职场中，“理直”并且心平气和地去说，比理直气“壮”

更容易达到目的，也不会让对方感到不舒服，更不至于会让原本有道理的你变成得理不饶人的“挑剔鬼”。在现实生活中，不少冲突都是由于一方或双方纠缠不清或得理不让人，一定要小事大闹，争个胜负，才越闹越大，事情越搞越僵。

我之前有个同事叫阿正，做事认真负责，上级交代的事情他都能在规定时间内完成，最容不得其他同事的偷懒和犯错，所以他深获主管的赏识。有一天，阿正出外办公，恰巧因一件私事而较迟回到公司，回来时他发现同事小歪正在利用公司的计算机聊天，阿正就将此事上报给了主管，并对小歪公开进行责问，没想到却遭到小歪的回呛，阿正更是得理不饶人，一怒之下将小歪的计算机关掉了。小歪并不服气，他抓住阿正外出办公迟归的事实强烈要求到总经理那里去说个明白，总经理听取了事情的始末缘由后，没有责怪小歪，反而严肃地批评了阿正，并扣了他半个月的奖金。从这以后，更有不少同事对阿正避而远之了。阿正百思不得其解，自己明明是为了公司好，怎么会落得如此结果呢？

其实在这件事里，阿正的出发点是好的，是为了公司的利益，但他太过于“得理不饶人”了，而且他在责问人的时候没有意识到自己也有过错，站不住脚，所以遭到对方的反唇相讥，结果不但受到了批评处分，也得罪了同事，使得自己在办公室内被孤立起来。

凡事都要争个是非对错的做法并不可取，有时还会给自己带来不必要的麻烦和危害，其实阿正应该学学“难得糊涂”的心态，在这些小事上，没有必要争得那么清楚明白，不妨“糊涂”一下，即使得理也可以让对方三分，用宽容之心来处事，就能有个圆满的收场。在职场中，我们每天都会遇到很多事，不可能事事都顺心。可能这次你是有理的，但搞不好下次理亏的就是你自己，所以“有理让三分”才是一种高超的职场智慧。

索尼公司倡导尊重每一位员工，使员工人尽其才，安心工作。同时也能容忍员工的不同意见，包括一些难以避免的错误。

索尼公司的观点是：只要有错即改，引以为戒，那就还有可取之处，盛田昭夫就曾对他的员工说过："放手去做你认为对的事，即使犯了错误，也可以从中得到经验教训，不再犯同样的错误。"这体现了索尼公司的容人之心、宽容之心。这样，员工才敢放心大胆地去探索、实践，发挥创意，才有利于调动每一个员工的聪明才智。盛田昭夫的话代表了一种容人的胸襟，更是一种取胜之道，因为在对方有错的情况下放他一马，会让对方对你心存感激，从而怀着一颗感恩的心与你相处。这时候，你当然是最终的赢家。

办公室是个有限的空间，人与人相处免不了会有摩擦，切记要理性处理，千万不要盛气凌人，非得争个输赢才肯罢休。即使最终你赢了，大家也会觉得你是个不给别人留余地，过于较真和死板的人，因而对你敬而远之。

"海纳百川，有容乃大"，在职场中，每个人难免都会有做错事、说错话的时候，今天是别人得罪了你，很可能下次就是你得罪别人。所以，不管自己多有理，只要对方已经认识到了错误，就没有必要得理不饶人了，无论做人、做事还是做生意，无论何种情况，无论你在做什么，都必须时刻提醒自己：得饶人处且饶人，有理也要让三分。

6　不要爱争辩，总希望辩个理

19世纪时，美国有一位青年军官因为个性好强，总爱与人争辩，经常和同袍发生激烈争执，林肯总统因此处分了这位军官，并说了一段深具哲理的话："凡能成功之人，必不偏执于个人成见。与其为争路而被狗咬，不如让路于狗。因为即使将狗杀死，也不能治好被咬的伤口。"

没有人能从争辩中获得胜利的，在职场上，你一定见过这样的例子：有些人专业能力很强，反应很快，照理来说，应该在职场上表现得很出色，可实际上并非如此。正因为他条件不错，凡事坚持己见，经常跟别人争辩，同事对他敬而远之，也不愿意好好合作，久而久之，这个人在工作上也难有成就。

在办公室里，我们跟同事相处时，难免会有摩擦，有意见不合的时候，免不了会争执、吵架，不论结果如何，一定会伤害彼此的关系。因此，如果我们要赢得同事的友谊，争取对方真心诚意的合作，就一定要避免争辩，有时候你赢了争辩却输了一个朋友的信赖感，这样是赢，还是输？

好争辩是一种人格特质，卡内基本人就是一个例子，他从小固执、倔强、爱与人争辩，大学时代，非常热衷参加各项辩论活动，还曾经著述一本有关辩论的书。这么一位好辩的人，为什么会提出“唯一能自争辩中获得好处的办法，就是避免争辩”这样的观点呢？

原来这跟他的亲身体验有关。有一次，卡内基受邀参加晚宴，那天赴宴的宾客众多，众人交谈十分热络。这时候，坐在卡内基身边的一位男士，在谈话中引用了《圣经》里的一段话，卡内基一听，觉得对方说得不对，就当着大家的面纠正他的错误，说：“你弄错了，这段话是出自于莎士比亚的《哈姆雷特》。”那位先生当场愣住，坚持自己没有记错，他引用的话是出自《圣经》，气氛顿时变得有点尴尬。后来，一位研究莎士比亚的朋友出面打圆场说：“这位先生是对的，这段话出自《圣经》。”

宴会结束后，卡内基问他的朋友：“你确定他引用的话出自《圣经》？我明明记得是《哈姆雷特》。”

这位朋友跟卡内基说：“你说的没有错，但是，我们是晚宴的客人，为什么要和别的客人争辩，这样不仅破坏气氛，也让主人为难。何不保留他的面子？难道你讲赢了，他就会喜欢你吗？做人别太尖锐了。”

这段话让卡内基深刻体悟到，人不可能从辩论中获胜，假如你辩输，那就输了，如果你辩赢，还是输了，因为你把对方攻击得体无完肤，伤害他的尊严，对方即使口头上说不过你，心里还是不服气，坚持的观点仍然不会改变，所以我也经常提醒自己别犯这样的错。如果你握紧拳头去找人争辩，对方只会将拳头握得更紧地与你争辩。切记，没有人能从争辩中获胜。在与人争辩前，不妨先冷静思考一下，到底我们要的是什么？一个是毫无意义的“表面胜利”，一个是赢得对方的好感。这两件事就如孟子所说“鱼”与“熊掌”不可兼得。你想要的是什么呢？

7 别成为小气却又爱炫耀的双面人

之前公司有位同事，老是说自己家里多有钱，出来工作是为了打发时间，赚一些零用钱。他这样说其实我们都不曾怀疑过，只是后来每次出去吃饭的时候，这位同事总是说皮包没带，要一起分摊费用时，又开始精算说哪一盘小菜他没吃所以不能算他的，开的车也算百万名车，但是只会开来给我们远观，从不曾说要让我们坐坐顺风车，更别提大家一起出去玩时，轮流出车载同事。同事结婚宴客时他包的礼最少，却总爱嫌东嫌西，一会儿说气氛不好、菜不好吃，一会儿说主持人应该找有经验的、新娘礼服太寒酸、喜饼不够大气，等等。

如果你小气没关系，但是不能批评别人小气，小气的人也可以有好的人缘，但如果对别人和对自己用两种标准，那就是问题所在。

世界看似很大其实很小，在外常常会碰到认识的人，就连我去法国都能碰到以前同事，还是那种打死不联络的同事，因为他之前是那种喜爱用嘴巴到处毁损别人的人，表面一套，私下讲的又是另一套，通常好话传到这种人的耳里，都只会变成坏话，生出一堆我们根本没讲过的话，而坏话就更不用说。与这样的人相处，你会发现他们身上都有一样的特质——“躲在背后说别人的不是”，但要他们出来当面说清楚时，他们却不敢面对。这样的人相信每个人都遇到过，表面上跟你当好朋友，台面下却到处说你的坏话，明面上还处心积虑讨好你，以至于有些人会因此对身边的人失去信心、信任。对于这种“朋友”，能离多远就多远，你也不必太在意这种人的感受，因为不管你怎么做，他都会说你的不是。路遥知马力，日久见人真心，这种人我们只要远离，不需要去解释和开导，时间会揭开他的真面目。

8　没眼色却自以为无辜

什么是没眼色？没眼色就是搞不清楚状况，没礼貌但是又不知道自己没有礼貌，就是俗话说的哪壶不开提哪壶的人。学生时代讲错话还无所谓，反正大家会原谅你是学生，也就算了，但是进入有利益关系的场合，正所谓职场如战场，有时候无心说错一句话，可能就会惹祸上身。所以一定要小心，别指望别人会体谅你没有恶意，甚至还相信你是无心的。只要得罪人就是得罪人，尤其我们的没眼色碰触到别人内心的创伤时，有人说那种怨恨是几辈子都忘不了的。

说真话的底线到底在哪？

不要乱开别人的玩笑这个原则要谨记在心，长辈、上司、不熟的人当然不要乱开玩笑，就算是好朋友也要注意分寸。即便有些事情或缺陷当事者常常会消遣自己，但是假如你以为他自己都这么说了，于是也拿那个缺点来开玩笑，搞不好就得罪人了！

在电视新闻中，我们常会看到，原本几个数十年的老朋友或好朋友一起喝酒聊天，忽然一言不合就打起来了。那个“一言不合”往往就是因为不懂得察颜观色，不小心碰触到别人的禁忌，当事人都已经变脸了，自己却丝毫没发觉地继续说，才会发生。跟老朋友相处最棒的地方就是很自在，不用客套，可以呈现最真实的自己，但是每个人内心一定都有一些最柔软、最不可碰触的禁忌，我们若知道，就不要去故意踩地雷，若不知道，不小心讲错话，一旦发现对方变脸，就要适可而止，并且偷偷记在心里，以后绝不要再犯。

真话也要有技巧地说，电影《王牌大骗子》里的金凯瑞，当他被下咒在一整天内只能说实话之后，不仅得罪了他所有的好朋友与同事，还因此丢了工作。人有时候真的不能讲真话，这也是善意谎言的由来，善意谎言的确是人与人之间的润滑剂，有太多没眼色的人都自以为是个说实话的道德高尚的人，其实往往是不能体贴别人的冷血动物罢了！

一位法国知名导演曾说过："如果每个人都只说真话，这个世界瞬间就变成地狱。"的确，在这真实世界，永远说实话的人会被孤立，交不到朋友，找不到工作，所到之处只会造成一大堆冲突，引起许多不必要的灾难。排除恶意欺骗的情况，一个人会在什么时候对你说谎？例如想得到你的好感，想做你的朋友，想对你表达善意，想讨你欢心，想让你快乐一点，这些善意的谎言，其实只要不是太超过的话都是可以被接受的。对于一个正常人来说，不说假话其实是很不容易的。

人与人之间交往，会下意识地以自己认为与对方的亲密熟悉程度定出一个舒适的范围，若我们违反的话，轻者被视为不没眼色，严重者会得罪别人。对初次见面的人的交浅言深或相反地与老朋友过度客气都要避免，甚至跟人相处时彼此身体的距离都有讲究，比如说距离我们身体50厘米是属于亲密距离，除非家人或很熟的老朋友，不然不能随意侵入这私人领域，否则会造成别人的困扰。

其实也未必要注意那么多小细节，要做到不当一个没眼色的人其实很简单，就是多听少讲，真的要讲出来的话，就三思而言，尽量不对事情做出评论，也可以避开没眼色的陷阱，如果不小心掉进去，真诚地道歉是最佳的处理方式，切记，不要找其他更多的理由去解释你的没眼色，那只是另一个没眼色的开始罢了！

·写下五个有可能给你的人际关系扣分的项目，检讨为成功之母，试着自我觉察，或问问你身边的好友：

1.____________________

2.____________________

3.____________________

4.____________________

5.____________________

·针对这些扣分项目你如何去改进：

1.____________________

2.____________________

3.____________________

4.____________________

5.____________________

·这些扣分项目伤害过哪些人呢？试着释出你的善意去弥补。

1.____________________

2.____________________

3.____________________

4.____________________

5.____________________

第一章　调整心态，改变的起点

1　认清自己，才能找到对频的人脉

2　别让恐惧限制了你

3　知道对方想要什么

4　聚焦，不需讨好每个人

5　善待身边的每一个人

6　不招人忌是庸才，人不避忌是蠢材

7　无欲则刚、检查自我

8　舍得、让利，懂得放水养鱼

9　专业知识是你的标准配备

1 认清自己，才能找到对频的人脉

“认清自己”这一点很重要，是让自己调整方向的依据，也是把自己放在某一个起跑点上开始经营（门当户对）。所谓“门当户对”意思是说一开始你的人脉起跑点，请从跟你相当的人脉开始经营，不要想一次就认识郭台铭，可以先从同事的朋友、家人的朋友、生活周遭的人们开始。

如果“门不当，户不对”，整个频率是不对的，谈的事情、休闲育乐、接触到的事物都不一样，很难有相关性。当然不是说完全不行，有的人天生懂得如何交朋友，但是一般人我还是建议要从门当户对的朋友开始经营，这样也不会有过大的压力。但是，也不能总是停留在门当户对的情况之下，我们一定要有所突破，最好的突破有三个方式可以去尝试，重点都在于与对方发生联系。

加入社团

比如加入各种社团后你就是会员，跟里面的其他会员就是“门当户对”的，里面的会员可能有公司老板或是名人，平常跟你是门不当户不对的关系，现在因为你加入社团而不一样了，你们都是会员，基本上是平等的，你要跟他聊天也变得容易多了，有聚会活动时你也可以主动当联络人，甚至可以争取当干部为大家服务。不要整天在想我这样做吃亏，这样做得不到什么好处，你要懂得让利及营利点后退的道理，只要你有付出就不用担心没有回报，所以我们不要吝啬付出，只要是对的事情就依自己的能力去付出吧！因为大家的眼睛都是雪亮的，你的努力他们都会看见，一旦有机会或是有好事的时候自然会想到你。

参加付费的培训课程

我们在商业活动上认识的朋友，仅仅只交换名片、留联系方式后就各自离开，所以你跟他只有商场上的利益关系，也就是说你对他有益处他才会想到你。但是如果我们去上一些成长课或是商业课程，尤其是好几天大家都关在一起学习、一起上台表演、一起完成老师出的作业的课程，那么你们的关系不是那种商场上薄弱的情谊，而是同学关系。你想想如果这个课程学费是10万元，会花这10万元的人是什么人呢？不是有钱的老板，就是热爱学习的明日之星，你跟他们建立起同学关系，日后在商场上他们就是你的合作伙伴了。

上课学习本身虽然很重要，但是背后带来的人际关系利益更加可观，不然那么多企业家老板去上EMBA干吗？他们其实主要都是想去做生意和交朋友的啊！我有一个朋友去大陆上商业模式的课程，学习回来后商业能力有没有提升另说，但是他在课堂上认识了一位土豪同学，那名土豪同学是卖猪饲料的，他的猪饲料有一些独家配方，但是他只会用最传统的方法去卖他的猪饲料，想不到用其他方式把他的产品推广出去。而刚好他就和我朋友是同一组，他向我朋友请教有什么方法可以提升产品的销量，我朋友就说上网卖啊，于是结课后不到一个月我朋友就帮他架设了一个网站，那网站还是免费的，内容写得也很普通，但是却让我朋友每年分红将近一千万。这就是去上课后可观的收益，并不是来自课堂上的知识。

要知道自己的个性，是属于“DISC”中的哪一个类型，DISC人格测验将人类的行为分成支配型（Dominace）、影响型（Influcens）、稳健型（Steadiness）、分析型（Conscientiousness）四大种类，并透过结果来分析人的个性倾向。因为在有些场合、角色、立场上你必须戴上面具，去成为DISC人格特质中某一种人去适应这世界。因为每一个人最喜欢的都是自己，你先要认清自己有哪些特长可以帮助经营人脉，例如，你擅长料理，可以在家里煮几道好菜招待朋友；你有法律方面的知识，可以协助处理朋友在法律上的问题；你是开心果，每次活动聚会你总是可以带来欢乐，都是你负责把场子炒热；你有教育的背景，可以给有小孩的朋友在教育子女方面一些建议，这些就是你的特长，但是切记你只要在旁边协助给出建议，如果朋友没有主动要你帮忙你就采取被动，等到朋友请求帮忙你再出手，不然很容易会热心过头，反而会给人际关系扣分。

参加社区或是学校的相关组织

大家目前住的都以社区型住宅为主，通常都设有管委会，这也是一个机会，我们可以争取进入管委会体系，虽然管委会大多是吃力不讨好的工作，但是所有的经验经历都是有意义的，看你如何运用而已。在管委会里其实你就可以经常与邻居互动，有正当理由进行社区服务，进而认识整个社区的邻居。相信在这些邻居里面，一定有不错的人脉可以经营，当然也会有恶劣的邻居，但是我们只要经营我们觉得好的人脉就好，把重心放在那些对你有善意的人身上，不用太在意那些对你有敌意的人，不然你会过得很累。

至于那些没有住在社区或是社区没有管委会的人，我建议可以参加团体，任何社团都可以，例如我有一个朋友，她是卖保险的业务员，当初她也是觉得无聊就去参加一个社团课程，是有关手作小点心的料理课程，一个班也只有15个人参加，但是她发现因为开班时间是在下午，谁会在工作日下午去学点心料理呢？答案是贵妇居多。结果她无心插柳，柳成荫，最后陆陆续续谈成好多大单。这完全归功于信赖感的建立，因为她们全部以同学相称，也常常相约到彼此的家中练习，练习的产品就当作下午茶聊天的点心，所以彼此的感情都像家人，一旦感觉像家人，支持你的事业就变得理所当然了。参加任何团体其实都可以从中建立人脉圈，再慢慢往外扩展出去。

2　别让恐惧限制了你

知识不够可以通过学习进行积累，但是如果没有胆识面对恐惧，我很难教你。马云说过：“成功不是先有钱，而是先有胆！”经营人脉也是一样，没有决心没有胆识很难在人脉圈里打滚！

我们先来谈谈恐惧感。我曾看过一段文字，其中对于恐惧感的定义，非常精简也耐人寻味，这段文字是这么写的：“恐惧是一种企图摆脱、逃避某种情景而又无能为力的情绪体验。”这句话算是我看过对于恐惧这件事情，最棒的定义了：不要期待或等待恐惧自己消失，恐惧感它不会消失的，甚至减少的机会都没有，你若是不面对面地与它对决的话，它只会日益壮大。我的经验是，成功的人也会恐惧，不一样的是他们会去练习面对恐惧，他们的心态是即使心里害怕仍要前进，去战胜恐惧，并获得一次成功的经验。战胜的关键就在于不断地练习，练习多了就会习惯。

马克·吐温说过：“我一直以来有成千上万的恐惧，但是绝大部分都没有发生过。”

一般人在还没有拜访客户之前，自己就会在心中上演小剧场，会有一堆的幻想，幻想客户不在公司、客户在开会、客户不需要我的产品、客户已经买了其他家的、客户会拒绝见我、客户会觉得太贵、客户会赶我走……自己都还没有行动，真正走出去，我们的脑袋就帮我们想一堆的理由阻止我们去。它的目的只是怕你被拒绝，怕你被拒绝后你的玻璃心受伤，所以它想出各种情节让你打退堂鼓。这时候你只要跟大脑说：“谢谢你，我知道了。”然后起身去拜访客户，让自己转移目标，不要老是想被客户拒绝怎么办。

相信大家在路上看到过一个场景，就是一对情侣，女的貌美如花，但是男的却其貌不扬，你不能理解为什么那女生会选择这样的男生当男朋友。我们再把场景换到一间酒吧里面，吧台边坐着一位身姿曼妙犹如志玲姐姐的美女，独自喝闷酒，这时候一旁的男士们，每一个都想过去搭讪，但是他们都没有采取行动，因为他们的大脑都跟他们说你追不到的别浪费时间、人家那么漂亮一定有男朋友、你配不上人家的、不要去丢脸了、被拒绝是很丢脸的……以上种种虚拟的场景阻止了每一个人上前搭讪。

这时候一个手拿台湾啤酒，嘴刁长寿烟，穿花衬衫配短裤的混混走上前，问一句：“美女可以跟你聊聊吗？”这时候美女转过头看了一下，说：“可以啊。”你会怎么想？你会说这故事是胡扯，并且要把这本书撕烂。且慢，撕烂要再买一本的，因为我要跟你讨论的不是那女生的回答，我要跟你讨论的是那混混怎么有勇气走过去搭讪，而你为什么没有？

一般人都会像故事中那几个男士一样，但是那小混混却没有，他心里想，问一句话而已，美女不答应的话，他也没损失，因为本来就没有的，又不会少一块肉。但是，万一美女答应了呢？这种稳赚不赔的事情当然要去做。这就是我们跟小混混的差别。

拜访客户也是一样，不要预想客户不答应你，要预想客户答应你的场景。

我之前在网络上看过一个故事，讲得句句到位，故事是这样的：

（以下出自网络文章）

李小姐是我新认识的姑娘，长得土黑圆，自以为风情万种。哪个男人她都敢追，哪个大咖她都敢去搭讪，时常闹出笑话来。

在朋友圈中，她就是丑角儿，如同陈汉典在《康熙来了》的待遇，取笑她，是大家固定的娱乐项目。

据说，每次朋友聚会，她都是绝对的焦点，即使她不在，80%的话题也是谈论她，因为她实在太奇葩，永远能提供新鲜的话题。

比如她一会儿又闪婚了，一会儿又去大学演讲了，一会儿又跟某名流夫人成闺密了……

你永远不知道她下一秒能干出什么……你更不知道，在大家拿她当笑话的时候，她到底是自动屏蔽了这些负面消息，还是把这些当作善意的嫉妒了。

不管大家对她有多毒舌，她永远都能活在自己仙境般的童话世界中，口头禅常常是“长得像我这样，穿什么都好看”“只有我甩男人，没有男人甩我”“客户非要砸钱给我，我也没办法啊”……

敢吹牛的人，绝对有你想象不到的实力……你以为她是吹牛吧，人家还真的很牛。

她以前在报社当记者，后来辞职开了个顾问公司，去年才第三年，业务量就已经做到1300多万，27岁的小姑娘，凭什么啊？她说，今年准备做到3000万，大家听了这数字虽然都笑得不行，但内心都知道，她多半能做到。

“厚脸皮”，也是一种竞争力，她让我又想起一位学姐。

那位学姐五官标致、身材粗壮，身高158厘米，体重66公斤，还特爱穿薄纱紧身小上衣加蕾丝超短裙，感觉胳膊和大腿随时都能把衣料给撑破，让人不忍直视。

她对自己的自我评价是：“我的长相啊，集中了林青霞和张曼玉的优点，所以我从小就是校花，追我的人太多了，我都不敢打扮得太妩媚，怕更多男人爱上我。”那时候，我们都在背地里笑她该吃药了。事实证明，该吃药的是我们……

学姐读研的时候，非要跟导师去台北参加一个学术会议，导师是特温柔敦厚的老先生，不好意思拒绝，就带她去了。

然后，她结识了一个台大的教授，教授给学姐发了邀请函，邀请她去台大研习一年。学姐去了台北，认识了一名法国教授，于是去法国一所大学访问了一年。

难道…… 厚脸皮的人比较幸运？

就在我们以为学姐要成功上位，成为法国教授的正牌夫人时，人家跟一个瑞士小帅哥谈起了恋爱，在脸书里看到帅哥的照片，一票女生嫉妒得吐血。我们自我安慰，帅哥只是一时新鲜，很快会分手的。然而，他们结婚了，帅哥是“富二代”，学姐生了对混血双胞胎。

学姐最近准备把欧洲一个高级家居品牌引进中国，最近发的微博照片，还是那五大三粗的身材，包在香奈儿的套装里，旁边是一脸宠溺地看着她的帅哥老公。

哦，忘了说，她老公还小她8岁。看到这你一定会大声质疑 ： 凭什么啊！？

因为自信，对任何事都不设限

因为盲目自信，所以他们勇往直前，对任何事都不设限。李小姐当财经记者的时候，不管是名流还是著名企业家，其他资深记者都觉得搞不定、自动放弃的，她都敢上去采访。这种底气来自哪里？

一种发自内心的自信，就像人类在婴儿期一样，觉得自己是世界的主宰。李小姐常常说，不试试，怎么知道不行？我那位学姐也一样，据说她刚上大一的时候，其他同学觉得教授都是高高在上的存在，谁敢和教授聊天啊，但她就是敢。

下了课，别的同学飞奔去食堂打饭，她以提问的名义跑去跟教授聊天，甚至约教授一起逛街。大家都惊呆了。学姐却说："为什么不可以？教授也是人啊，他们也渴望跟年轻人打成一片啊。"

我们做一件事的时候，常常会想太多，设想了各种坏的结果：

对方不喜欢我怎么办？

打扰了对方、麻烦了对方怎么办？ 对方拒绝我怎么办？

李小姐对此很不屑：被拒绝有什么关系？

我又没什么损失。我找了10个人，有8个拒绝我，还有2个答应了，我就赚到了啊。

因为目标明确

因为目标明确，所以他们根本不在乎别人的看法，执行力超强，总能达到目的。

跟李小姐吃饭那晚，表面上，她满嘴跑火车，说了各种各样稀奇古怪的话，但是如果你稍微整理，就会发现，其实她相当有逻辑。

她所有的奇葩言论，都围绕三个主题：她很牛，她的公司也很牛，搞定了很多大客户。为什么要说这些呢？

首先，在场有一个外企副总，是她的潜在客户，她要说明自己的实力；其次，她半开玩笑地跟该副总介绍自己的业务，说自己能帮对方做到什么，劝对方和她签约，副总没当回事，她也不介意；最牛的是，她看似闲聊地套出副总的信息，得知副总和自己以前的报社上司是大学同学，同一宿舍，当场就打了电话给报社上司，约好了周末一起喝茶，有了这层关系，副总这边的业务签约可能性大不大可想而知。

只专注于自己在乎的事

李小姐永远不在乎别人怎么笑她，她只在乎她想做的事能不能做到。

我想说的是，那些盲目自信、脸皮厚的人，才是真正内心强大的人，他们不在乎别人，也放得下自己。在这个世界，最后能得到自己想要的成就的，就是当初被当作笑话的他们。

这样看来，面子好像不是那么重要了。

李嘉诚说过这么一段话："当你放下面子赚钱的时候，说明你已经懂事了。当你用钱赚回面子的时候，说明你已经成功了。当你用面子赚钱的时候，说明你已经是人物了。当你还停留在那里喝酒、吹牛，啥也不懂还装懂，只爱面子的时候，说明你这辈子就这样而已！"

只要内心坚定、专注于重要的事，你也能成为"实力强大"的人！

3 知道对方想要什么

任何的合作讲求的都是双赢，其实很多人的友谊是建立在利益交换上的。或许你会感慨地说"感觉好现实"，其实我觉得不然，因为人和人之间的相处本来就是互利的，这里说的"利"不仅仅是金钱。夫妻情侣在一起比还没有在一起前快乐，如果两个人在一起比自己一个人还不开心，那就不如自己一个人生活。所有的人在交往的过程中都重视甚至偏爱"公平交换"，对一般人来说，不公平的交换，等同于"抢"，没有人喜欢"被抢”的感觉。

尽管绝大多数人不愿意承认，但他们所谓的“友谊”实际上只不过是“交换利益”，可是，如果自己拥有的资源不够多、不够好，就更可能变成“索取方”，做不到“公平交换”，最终成为对方的负担，这时候，友谊就会慢慢无疾而终。所以可以想象，资源多的人更喜欢与一个资源数量同样多，或者资源品质对等的人进行交换，因为在这种情况下，“公平交易”比较容易产生，所以当你想要维持良好长久的人脉时，一定要在互惠平等的基础上建立。

进阶的人脉经营一定要先想到你能给对方带来什么好处，好处也包括无形的，例如快乐、安全、兴奋等，当你都能站在朋友的立场想的时候，你的人际关系一定会变好。你要知道对方重视的是什么，你自己需要的未必是对方需要的，要做到把对方所需当作是自己所需的地步。有时候我们认为这样做是对方想要的，没想到对方非但不领情还要埋怨我们，因为那是我们用自己的喜好想法揣测对方想要的，但事实并不是我们想的那样。

如何才能知道对方想要的是什么呢？以下提供几个方法：

直接询问

不要想太多，请直接询问对方的想法，当然有时候要有技巧性地询问，私密的话题例如薪水等，如果你们之间交情不够就别问了。

赞美

卡内基在1921年以100万美元的超高年薪聘请夏布（Schwab）出任CEO。许多记者问卡内基为什么是他。卡内基说：“他最会赞美别人，这是他最值钱的本事。”卡内基为自己写的墓志铭是这样的：“这里躺着一个人，他懂得如何让比他聪明的人更开心。”可见，赞美在人脉经营中至关重要。如果你是一名上班族，在公司内部，要珍惜与上司、老板、同事单独相处的机会，比如陪同上司开会、出差等，这是上天赐予的强化人脉的绝佳机会，千万不能错过，要做好充分的准备，适当表现。

赞美也是一个可以知道对方真实情况的好方法。例如你想要让对方一起参加某个活动，但是这活动费用不便宜，若是直接询问可能令对方尴尬，那么你可以这样说："王先生您在外贸公司上班，应该常常参加这种活动吧！像我很少参加这类活动，不知道这样的费用算便宜还是贵？"你这样问让对方有前进和后退的空间，而且是通过赞美来获得你要的信息。赞美所得到的反馈信息通常真实性很高，所以赞美这方法可以多多使用。

观察

观察这种方法是要训练的，通过简单的观察可以了解对方的一些基本情况，再利用"拼图"和交叉比对就可以得到更深层的信息。最简单的，可以从外观、饮食、对方的朋友观察起，例如从他跟朋友说话的方式可以看出他是属于急性子还是慢郎中等。不过这样的信息过于零散，建议你从要了解的部分去观察搜集，这样会比较精准。例如想请他吃饭，却不知道他喜欢吃什么，你就可以先搜索他的脸书或微博，看看他都曾去哪些餐厅吃饭、打卡，偏爱哪些料理，从中或许可以得到一些信息。只要有心，很多信息都是可以解读的。

问第三者

如果你们有共同的朋友，当然可以先询问这位朋友——第三者，就他所知道的先搜集，但是不能就以第三者提供的信息当作100%正确的资料，这只是大方向而已，你还要找机会拿其中几个信息找当事人旁敲侧击，在聊天时当作话题询问当事人，借以判断第三者提供信息的准确度如何，你也可以多询问几位相关的第三者，通过交叉比对选出关于当事人更加准确的信息。

4　聚焦，不需讨好每个人

你要明白，就算你讨好每一个人，也不可能每一个人都喜欢你。相信你也一定有莫名其妙讨厌某些人的特征或是特质，例如讨厌短头发的女生、看不惯长发的男生、讨厌肌肉男，反正什么样的人都一定有人会讨厌，所以请不要试着去讨好每一个人，第一太累，第二没必要，第三讨好每一个人，你将会一事无成，请聚焦在对你的付出有善意回应的人身上，越大的越好的回应你就应该越优先处理，但是我们往往相反，都把心力花费在解决那些对我们吹毛求疵的人身上，请把焦点拉回到那些对你的付出有善意回应的朋友身上。

你如果想讨好每个人，反而会离成功更远，你表现越好，就越有可能招惹别人的批评。我们身边总是有一些人会冷言冷语批评我们正在做的事，这些人就是爱鸡蛋里挑骨头，其实不论你做了什么，总是会惹恼某个人，你不用太在意，因为这世界上有很多比你去在意少数人的感受更重要的事，成功人士有时候会让人讨厌的原因之一在于，他们深刻明白这个道理。

我们从小被教育要当一个好人。“好人”会时时刻刻注意哪些是让人不开心的事，然后尽量避免那些事情发生，如果你对他人情绪妥协，可能就会令你束手束脚，甚至一事无成。

当然，只要不是涉及利害相关的事，也许当“YES先生”，帮忙做些小事，可以减少不少麻烦，但在这个个性化的时代，一个毫无个性的人，不可能脱颖而出。如果真的想当一只捕捉人们听觉的云雀，你不能和所有的麻雀发出同样的叫声。人人都有立场，有时立场是对立的，企图讨好两种不同的立场的人，终究会被两方“驱逐出境”，就是俗话所说的“猪八戒照镜子，里外不是人”。不管别人喜不喜欢你，每个人都有自己喜欢或不喜欢的人，不要想讨好每个人。但是，如果你身边的人都不喜欢你，请先检讨一下你自己，可能是你的个性有问题，待人处世不够得体。

我们都知道一个很简单的道理，就是你要领钱的话你就得先存钱，但是钱存在哪里就很重要了，假设你的钱是存在银行的，你不用担心钱会不见，银行就像那些对你有善意的人，你对他好他们会放在心上，该回报你的时候会多回报你一些，一样的付出得到不同的结果，那我们当然要选择回报值高的人去付出。现在，就聚焦在那些对你好的人身上吧。

5 善待身边的每一个人

这世界看似很大，但是有时候还挺小的。这是一个发生在我身上的真实故事。我以前从事业务工作时，有一次到新竹科学园区拜访客户，因为新竹科学园区的停车位一位难求，所以车与车前后都停得很近，就当我在路上找寻停车位时，我正前方的一辆车正准备停进路边的停车格。因为是单行道也没办法超越，只能先等前面的车停好我才能继续往前开，但是似乎我前面那辆车的驾驶技术不是很好，一下往前，一下往后，迟迟停不进去。我看到驾驶员是位女士，虽然我也赶时间，但我还是耐住性子等，然而我后面的车主就不耐烦了，疯狂地按喇叭示意那辆车停快一点，甚至还下车朝那辆车叫嚣，内容大概就是说女士开车就是这样，不会开车就不要开之类的。那女士因为这样更显慌张，于是我就下车走到前面那辆车旁，女驾驶员很紧张地摇下车窗连忙道歉，说：“附近停车位不好找，我有会议要开始了，所以没时间再去找其他车位，不好意思请再等一下。”我跟她解释说：“我没有怪你的意思，我走过来只是想我可以帮你停车。”最后，她的车是由我帮她停好的，她连忙道谢后就匆匆离开了。

我后面的那辆车在我下车后就倒车离开了，我也赶紧找好车位，停好车前往客户公司准备做简报，进到客户公司大厅后竟然看到熟悉的面孔，那不是刚刚在我后面很凶的那位男士吗？他带着他的助理正在柜台办理访客登记，他之后我也进入客户公司里等待会议开始，走进会议室后我才知道他是我的竞争对手，客户安排我们两家供应商来这边互相厮杀，价低者得标的意思。更妙的是，会议桌上除了有两位单位主管，还有一位之前在接洽时从没有出现的采购部经理，因为这是最后一次决定性的会议，客户公司派出最高等级主管出席，而那个采购部经理就是那位停车停不进去的女士。这时候我看到我的竞争对手似乎也发现了，但是他还是很镇定地装作不知道，那女主管也没有说出刚刚的状况。不过事后我发现女士是不可以得罪的。那个案子当然是我得标，这点我不意外，因为原本我们的胜算就比较大，意外的是之后所有相关的产品都是由我独家提供，而且我直接面对的采购主管就是那名女士，我的竞争对手所在公司的产品，也都一一换成我公司的产品。待我跟那女主管比较熟后，她才将当初的怨气一一说出，她把订单都给我只是为了“报复”那个叫嚣男，

所以，请善待你遇见的每一个人，因为你不知道他们对你会有什么影响。

还有一件事情发生在我朋友阿峰身上。当时我们还在读大学，有一次阿峰参加联谊，他被分配到用摩托车载一名女生小玲前往烤肉的地点，因为那女生小玲长得不是很好看，加上又有点胖胖的，一路上就看到我那朋友阿峰的脸很臭，而且很直接地批评小玲的身材与长相，回程阿峰就拒载小玲，硬要叫另一名男生载小玲。

过了一个多月，有一天系上来了一位美女小美，刚好分配到跟我和阿

峰同一组，因为要分组讨论并交报告，所以下课后很多时间和机会可以约小美出去讨论报告，阿峰当然要趁这机会约小美出来讨论。没想到，有一次阿峰穿着帅气的衣服，又假公济私约可爱美丽的小美到气氛不错的咖啡店讨论时，竟然看见当初胖胖的小玲黏在小美的身边，和她手拉着手走进咖啡厅。小玲看见咖啡厅的阿峰之后，就酸溜溜地说："是你啊，我还以为是哪个帅哥呢。"在那次讨论之后阿峰再约小美就约不出来了。这故事告诉我们，胖胖女或是不好看女都有美女的闺密，所以善待你身边的每一个人，他或许是你的贵人。

6 不招人忌是庸才，人不避忌是蠢材

有一句古谚说："人怕出名，猪怕肥。"如果你是老板眼中的"当红炸子鸡"，那可能很快就会被周遭的同事所嫉妒。从人性的角度来看，这是无可避免的现象，而人在职场除了要展现能力之外，也要学会降低别人对自己的嫉妒，这算是人生必修的重要课程。

我有一位好友，在公司短短一年时间因为快速完成公司交办给他的业务工作，并且拿下整个团队第一名的成绩，被老板快速提拔与晋升，但没多久很多的流言蜚语就开始出现在办公室，甚至也有人在他上司面前给他"穿小鞋"。有一天他心情沮丧地跑来跟我聊天诉苦，我听完之后就先向他道贺，朋友不解地问我："我已经这么惨了，你怎么还幸灾乐祸？"我当时回答说："有一句名言叫作'人不遭忌是庸才'，你是个非常有能力的人，因此才会有人嫉妒你啊。"我举了个简单的例子，我问他全亚洲最红的歌星是谁，他回答周杰伦，我说没错，但是被骂得最凶的也是周杰伦。朋友听完之后才稍稍有些气消地点点头，我接着跟他说："只是你并

没做好准备来降低别人的强烈嫉妒心。”

其实像我朋友这样状况的人，在职场上可说“屡见不鲜”。人性本来就会有喜、怒、哀、乐、羡慕、嫉妒、自私，如果人没有这样的情境与心理，我想这就不是人了。当我们看到别人比我们还好，通常都会先难过与沮丧，然后开始羡慕或是嫉妒，如果这时候因为自己没有调整好人际关系可能嫉妒自己的人会越来越多，而且因为嫉妒对自己所造成的伤害，也会加重且加深，所以最后我给朋友的建议是“人不遭忌是庸才，人不避忌是蠢材”。

在职场上因为竞争激烈，往往在不自觉中，会有很多的“敌人”出现，虽然有些“敌人”是绝对会有的，但是，有些“敌人”却是因为自己做人处事不当而产生的，这些是可以避免的。

宋朝名诗人苏轼曾写过“人生到处知何似，恰如飞鸿踏雪泥，泥上偶然留指爪，鸿飞哪复计东西”，就是要我们了解人生犹如惊鸿一瞥，来去匆匆，谁也无法预知未来，所以要能活在当下。职场就像那个广大无限的舞台，如何能够让自己如轻鸿般来去自如，而不让自己局限于泥沼中，开心地活跃于职场中，就是我们每个人所要学习的课题。在职场上成功的人的确是容易被“嫉妒”与“眼红”的，如果人要像美丽飞鸿般可以到处展现自我，“趋吉避凶”的功夫与广结人脉的艺术，确实是需要多花些心力的。

不过，我所谓的避免制造“敌人”，并不是说要让自己成为滥好人，或者是内心全无原则。就如前面所说，有些“敌人”是不可避免的，毕竟职场上还是有很多小人，只为自己着想与打算，必要时我们还是得联合其他有识之士来对抗，重点是自己要有能耐来培养人脉与广结善缘，这样，当职场上的小人在自己背后放冷箭的时候，才不会没人出手相助。如果说自己在组织内都没几位可以帮忙的好朋友，不管你的能力有多强，其实都暗藏波涛汹涌的危机。

《被讨厌的勇气》一书给了我许多的启示。之前公司尾牙时，请了那种专门带活动的主持人热场，还有几名伴舞。在餐会进行到一半的时候，气氛越来越high，台上艺人唱歌跳舞，主持人开始从台下拉人上舞台跳舞，大部分人都不敢上去，我很想站上去，可是我怕其他人会笑我，因为我不会跳舞只会在上面扭来扭去，但是后来我还是鼓起勇气上台。站上去之后，我发现了一个现象，就是当你从台上往下看，你会看见台下的人几乎都没有在看你，因为每一个人都忙着在交际应酬，彼此聊天敬酒，几乎没什么人的目光停留在舞台上。那时我才发现，我们常常高估了人们对我们的注意力，就算有少数的人在看你，他们也不是以一种你好怪或是你跳得很烂的眼光看着你，而是带着笑容觉得你好勇敢、好开心的那种眼光，他们看我的眼神并非是我一开始想象的那种负面的审视。那次的上台经验让我明白，原来是我们自己创造了心中可怕的恶魔。

畅销书《被讨厌的勇气》被很多人讨论着。人们常常没有办法做决定，很重要的原因就是之前我提到的——害怕其他人对我们的评价，尤其是负面的评价，说白了就是害怕人家讨厌我们，害怕别人不支持我们。但是，从刚刚我的故事里，我发现每个人都忙着过好自己的生活，其实没有什么人会在意你在干吗。就像那次尾牙餐会上的众人，他们只在意餐桌上面讨论的话题而已，或是延续上班的话题，根本没有人在意你在舞台上面的表现。

第二个部分就是这本书中提到的，害怕被别人讨厌。但是你知道吗？别人会讨厌我们，往往因为别人跟我们不一样，甚至于你会发现是因为他们觉得我们比他们有勇气，比他们有能力，比他们运气好而已，只是他们无法面对这个现实，无法接受我们比他们优秀的这个事实，所以很简单就用一个“我讨厌你”这样的态度来面对我们。他们用这样的态度来面对我们的时候，就不用去面对那个自己不够优秀的现实。所以，被讨厌是一件好事，你被讨厌代表了你比那些人更优秀的事实。

你想想看你的日常生活中，当一个人做事情不成功的时候，基本上你不会讨厌他，你会讨厌他一定是他做了某些会影响你的事情，换句话说，当一个人有足够的影响力，他才会被其他人讨厌。当一个人有足够的影响力，但是他的想法跟我的想法不一样时，我才会说他的是非，或是我才会讨厌他。反过来说，当我们被人家讨厌的时候，其实就证明你是有想法、你是有影响力的。因此，被讨厌这件事情本身就应该让你产生许多的勇气，因为被讨厌代表你是有想法、有影响力的人。不要惧怕其他人对我们闲言闲语，或是害怕其他人讨厌我们，因为这只是证明你的能力比别人更强。

我们的人生我们自己才能控制，我们的人生也只有我们自己才需要负责，你要“制造”面对被讨厌情况的勇气，接受你自己的卓越。

7　无欲则刚、检查自我

你主动出击所结交的人脉，不可能每个人都会成为你的朋友，这遵循比例原则，意思是你主动去认识10个人或许只有1个人会成为你的人脉。而如果10个人当中会有1个人，那么努力去结识100个人，就会有10个人变成你的人脉，1000个人就有100个人……我们只要不断地主动出击结交人脉，会有两个情况发生：

第一，比例原则会往上提升，因为你的技巧会在不断行动中进步，比例会从1/10升高，或许到2/10，之后可能到5/10。

第二，量一旦多了起来，自然人脉就会变多，所以其实不用太在意成交的比例，因为一旦量一直增加，比例一定会提高的，只是时间上的问题，反而要在意的是量的问题。

法国亿而富（Total Fina Elf）机油前总裁，每年都会给自己定下目标，要与1000个人交换名片，并跟其中的200个人保持联络，跟其中的50个人成为朋友。

你可能不知道，其实贵人就在身边，关键是要有经营人脉资源的意识，用心寻找，用心经营。要想在商场上取得成功，一定要先拥有好人缘。

别太在意结果

那些超级业务员或是培训老师，他们在成交的时候不会因为没人买或是很多人买，而影响到他们的心理状态。我上过很多大师的课程，最后在课程的尾声，他们都会推广后续课程，有时候也会碰上没有什么人购买进阶课程的情形。我曾经私底下问过那些老师，如果都没有人买课程，他们心里怎么想，老师说没有人买就继续卖啊！

他们根本不会觉得卖不出去是个问题，继续推销直到有人购买就好了。反之，有时候课程在极短时间内售空，学员要求再增加名额或是加开一班，这种爆满的情况如果出现在我的课程上，我一定会嘴角露出神秘的笑容，并且心中呐喊yes！！反观这些老师并不会因为报名的学生爆满而觉得很开心，依然觉得很平常，觉得没有什么，这时候他们反而在想怎么做可以吸引更多的人，不会受到当下的火爆气氛影响。

我们有的时候太在意结果，反而会失去行动的勇气，其实只要抱着有行动就是进步的念头，不断地行动，不要去想结果，当你不在意结果的时候，挫折就打不倒你了，因为你原本就没有期待，一旦有成绩出现，那不过是行动产生的收获罢了！

当行动达到预期的结果可以开心，但是只要开心一下就好了，不要让结果来左右我们的情绪，不要一被拒绝就有负面情绪。不管结果如何都不能让行动有任何改变，该一天拜访5位客户就确实拜访5位，不要因为第一位客户拒绝你，你就不去拜访或是拖延拜访或是害怕拜访下一位客户。用一句老话来说，这就是无欲则刚。

我们碰到困难挫折或是失败时，可能曾经手指着别人说“都是你害的……都是你……”，殊不知你一只手指头指向别人，其余四根手指是指向自己。请记住，在你的人生中，发生任何事情，一定都有它的意义，并且终究会对你有所帮助。任何的事物都有两面，取决于你用什么角度去看这件事情。如果你以负面角度看待它，那这件事带给你的就是坏处；如果你正面看待这件事的发展，它带给你的或许是一个好的回忆或经验。

网络上有一则故事：因为大宝、二宝、小宝三兄弟的妈妈常常被爸爸打得很惨，大宝就想说：“妈妈好可怜，以后还是不要结婚好了！”二宝想的是：“爸爸都可以打妈妈，以后我也要打我老婆。”小宝心里想的是：“妈妈每天都被打好可怜，以后我一定要好好爱护我老婆。”一个家庭，面对爸爸打妈妈的家暴事件，却有三种不同的想法，以后就会有不同的家庭。我们碰到任何问题首先应该要当一种人——不抱怨，而且自我检讨的人。因为事情都发生了，抱怨也没有用，只有先自省，检查得失，这样将来才不会重复发生一样的问题或错误。请做个随时自我检查的人，因为改变自己，永远比改变他人来得快。

8　舍得、让利，懂得放水养鱼

吃亏就是福

不怕吃亏，平等对待各种人和事，只有肯吃小亏，才能赢得良好的人际关系；广积人情，才会收获别人的信赖和帮助，才能把事业做大。其实，无论亏大亏小，该吃就得吃，人情在了，以后才会有回报。主动付出，看似吃亏，实为得福。“红顶商人”胡雪岩，原本是一家店铺的小伙计，经过打拼，成为江浙一带的商人。虽然只是一个小商人，但是他善于经营，做人更是没话说，一点小小的恩惠便可以将周围的人聚集起来，为他出力。胡雪岩对小打小闹的小生意当然不满足，因为他想做大事业。他的志向高远，他想像大商人吕不韦那样从商场到官场，名利双收。

当时一个不起眼的杭州小官王有龄，有向上爬的志向，却没有钱，而金钱是那时候官场上升职的敲门砖。胡雪岩在与王有龄交往中，发现他俩目标相同，可以说是殊途同归。王有龄对胡雪岩说：“雪岩兄，我也不是没有门路，只是囊中羞涩，没有钱想升职是行不通的。”胡雪岩坚定地说：“我愿倾家荡产，助你一臂之力。”王有龄说：“我富贵了，一定报答你。”

于是胡雪岩变卖了自己的部分家产，积攒了几千两银子给王有龄。王有龄去京师求官，胡雪岩则仍操旧业，并不在乎别人笑他傻。

几年后，王有龄官至巡抚，亲自登门拜访胡雪岩，并问他有什么可以报答的，胡雪岩说：“祝贺你福星高照，我并无困难。”

但是，王有龄非常重情义，当年胡雪岩雪中送炭，他始终铭记在心。于是，王有龄利用职务之便，对于胡雪岩的生意总是尽可能地予以照顾，胡雪岩的生意自然是越做越好、越做越大，他也更加看重与王有龄的情谊。

正是不在意吃亏的心态，使得胡雪巖的事业迅速发展、壮大起来，后来胡雪岩被左宗棠举荐为二品大员，成为清朝历史上唯一的“红顶商人”。俗话说，“吃亏是福”，只有聪明人才懂得其中的玄机。吃亏不重要，重要的是赢得了人情。以吃亏来交友，以吃亏来得利，是非常高明且有远见的做法。

中国人看重人情，你吃亏不要紧，因为你成了施与者，他人就是受者。尽管从表面上来说，你吃亏了，他人获益了，然而，在友情、情感的天平上，你有了非常有分量的筹码，这是多少金钱都很难买来的。

良好的人际关系不仅能使一个人和谐地融入群体，极大地拓展自己的能力，而且是与他人合作、实现互惠互利伙伴关系的基础。一个人的成功，必然需要别人帮助，而缔造良好的人际关系可以奠定良好的职场发展空间，这一点绝对不容忽视。

总之，吃亏能广蓄人情，建立起自己的人脉。一个能吃得了亏的人，在他人眼中是豁达、忠厚的人，比起金钱更加可贵，能够让他人心甘情愿地帮助你。只有懂得吃亏才能赢得他人信任，让他人为你办事。

良好的人际关系是开启成功之门的金钥匙。所有的成功人士都懂得如何有效地与别人打交道，缔造良好的人际关系。

9 专业知识是你的标准配备

本书的重点虽然是说成交的秘诀在于将80%时间用在信赖感的建立上，只有20%需要你发挥专业技巧，这20%也不容轻视。专业在销售上是绝对必要的，哪怕是再熟的朋友把钱交给你，你把产品交给他的时候，如果你让他感觉你不够专业，他也不会想找你买，日后购买同类产品也不会再考虑你，他会后悔，更不会帮你转介绍，甚至你们的关系会因此倒退。

我自己就曾有一次失败的经验。那时候我刚做保险，朋友的老婆刚生小孩也正好需要买保险，自然就想到了我。因为他们夫妻俩和我交情熟，所以他们放心地把一切交给我规划，我说多少钱他们都没有怀疑过，也没有跟其他保险公司比较过，直到有次需要理赔的时候，我才发现我当初漏规划到其中一个部分，导致理赔的保费很少。他们夫妻俩倒也没有为难我，就是想再多了解我规划的保单，于是约了我去他家咨询保单的理赔相关细项。因为我只是想卖储蓄险，没有多了解医疗险，根本不太懂理赔的部分，所以他们夫妻俩问我的问题，我是一问三不知，只能尴尬地微笑，然后拿起电话找其他同事求救。那一天我在他们家待了两个多小时，却感觉待了漫长的一整天。

那天回去我立即加强医疗险的相关知识，内心期待他们赶快再找我咨询，好扭转我的专业形象。但是从那次之后他们都没有再找我问保险问题了，后来，我才从另一个朋友口中得知，他们夫妻俩有请其他同业帮忙解释我卖的保单内容。当时的我很羞愧，当初只认为卖出保单的我好厉害，不会像其他同事一样，客户的疑问很多，原来事实并不是这样。后来，我那朋友老婆的妹妹生小孩，保单就找了那个帮忙解释的同业购买。如果当初我具备专业的知识，我相信朋友妹妹的保单也一定是我的。所以，专业度是必需的，是不能打折扣的。

大部分人无法获得自己想要东西的原因
就是他们不知道为什么想要这些东西

文字及想象是有力量的，宇宙会帮助你得到你想的，你想要的理由越多，得到的贵人帮助越多，并且越能支撑你想要的信念，世界潜能大师安东尼·罗宾说，“要有足够的原因来支持你的信念，才能深植你的潜意识”，人际关系上的巨大成就犹如一颗大石头，你的每一个理由就如同一只桌脚，虽然撑起石头最少只需要三只桌脚，但是越多的桌脚去支撑，你人际关系上巨大成就的石头就越稳固。下面请写下能支持你拥有人际关系上巨大的成就的理由：

· 理由01____

· 理由02____

· 理由03____

· 理由04____

· 理由05____

· 理由06____

· 理由07____

· 理由08____

· 理由09____

· 理由10____

第二章 在联系中找联系，有联系就有生意

1 别人为什么想要跟你建立联系

2 自己不强大，认识再多人又有何用

3 你要做跨界人？

4 你是否是一个平台？

5 至始至终清楚你的目标、目的

6 不要经营“人脉”，而是经营“人心”！

1　别人为什么想要跟你建立联系

一没本事，二不努力，别那么急着建立人脉。

请记住：比你厉害很多的人，一般都没时间搭理你。“人脉就是钱脉”这句话，不知道是什么时候由谁发明出来的，但我觉得是这句话误导了很多年轻人。许多人年纪轻轻，一没本事，二不努力，就开始急着建立人脉了，好像人脉圈一旦成形，就可以天下无敌。在他们的认知里，似乎只要别人一收他的名片，普天之下就都是他的好友了。你是否也常常听到身边的亲朋一脸得意地说出类似这样的话：“你知道不，那个谁谁谁，陈董！是我朋友！”“什么？你不信？你看看我LINE好友名单里，就是有他！”“跟他也很熟，经常在脸书互动。”

有名片、有加对方的LINE和脸书，就算人脉吗

他所说的互动，就是在陈董发表的文章下点个赞、留言一下而已，至于这LINE和脸书怎么来的呢？可能是他去参加讲座时正巧坐在陈董隔壁，他主动向陈董要求加LINE和脸书，对方不好意思拒绝就加了；或是台上的讲师在台下合照的时候被要求加好友，如此半推半就加入对方的LINE和脸书。然后呢？然后就没有然后了。

对普通人来说其实是这样的，行业顶尖的专家名人，他们的LINE和脸

书加或不加其实没有多大区别，只是能看到其动态而已。你若是给他们发信息，基本上他们是不会回的：首先，给专家名人发消息的人很多，他们精力有限，有很多事情要做；其次，他们的时间很宝贵，通常不会用这时间和你聊天。如果专家名人真的经常回复你，有三种可能：

1. 你本身也是个名人，在行业金字塔里处在中上层的位置；

2. 你长得够美、够帅，他可能喜欢你，所以才愿意花时间在你身上；

3. 你有他要的资源。

世上的人那么多，为什么要跟你建立联系，你有什么资源、特质、能力可以吸引别人靠近你？不管你说社会现实也罢，冷漠也罢，现实就是，人都是跟自己能力、财富、资源相当的人来往。自古以来都是穷人跟穷人玩在一起，富人跟富人玩在一起，官商勾结、权钱交易就是很明显的例子。官为什么要跟商勾结呢？因为各自都有对方所需的东西，互相交换，就有了自己想要的东西。当然，官商勾结是违法的，可是至少说明了一个道理，平等的交换才是这个世界的生存法则。

如果将人际交往的过程，比喻成商业上的买卖行为，你就是商品，你要怎么把自己卖出去，让你想要认识的人脉来认识你，这时候你就要了解你的客户要的是什么？你有什么是别人想要来认识的特点，例如，就像有人要买手机，手机的品牌有上百种，每一个人要买的不同，因为每个人需求的点不一样。先前日本东京索尼移动通信总部负责东北亚市场的资深副总裁高垣浩一简报了日本市场手机用户的差异，在高端手机市场中，苹果iPhone手机比谷歌安卓手机受欢迎的原因。

答案就是“简单”。在高端手机市场里，许多安卓旗舰手机的功能都比iPhone 强大，价格也比iPhone 便宜，为什么卖得比iPhone差？因为这些安卓旗舰机都做得太“难”了，对于平常没有研究手机，或是时常关注手机的消费者，买了一台安卓旗舰机，往往要花上2～3天才能了解全部功能，相比较来说，苹果iPhone 的界面进入门槛相对较低。索尼的简报表示：iPhone是适合任何人使用的，也就是说任何人拿到 iPhone，就可以很快地开始使用它，无形中增加了iPhone的吸引力。此外，索尼也提到iPhone受欢迎的另外两个原因，其中之一就是苹果产品一直以来给人的“设计感”，即便在功能上落后，但是苹果在外观设计上不断追求创新（包括外形与颜色），继承了以往苹果产品使用者给人的“雅痞”感，让一般消费者购买iPhone后能有个人素质提升的心理作用，这是目前安卓旗舰手机很难超越的一点。

第三个原因则是庞大销售量带来的丰富配件。高垣浩一开玩笑地提到，iPhone在日本的使用人数（2800万）比日本的家猫数目（1000万）高，这样庞大的使用人数让配件厂商不断推出iPhone的相关配件（如手机壳、屏幕保护膜、手机U盘等），加上 iPhone款式较少、2年一次大改款的较长周期，也让配件厂商愿意推出更多适用的新配件。

总结苹果手机的特色就是“简单”“设计感”“丰富配件”，这些也就是它的特色卖点。所以在你的人际关系中，有没有属于你的特色，你要知道人际交往的过程中对方要买的是什么（简单说就是从你身上可以得到什么好处），或至少能避免什么麻烦或痛苦！

人家为什么要和你来往

任何人际交往归根结底只有两件事：

第一件事情，叫作“问题的解决”；

第二件事情，叫作“愉快的感觉”。

什么叫问题的解决？

认识你，可以帮他解决生意上的问题，解决衣食住行的问题，也就是他有一个需求想要被满足，或者有一个困难想要被解决，希望认识你之后，能够解决这些问题。

例如，我公司的产品想要上架到7-11的渠道，那么我就会想要去认识统一集团的高层的人脉，这就是问题的解决。

什么叫愉快的感觉？

这指的是氛围，具体有两种。

第一种氛围是你直接带给他开心愉快的氛围，也就是说对方跟你在一起的时候你会带给他开心的感觉，见到你就心情愉悦，大家一起出去你就是开心果，可以为团队带来愉悦的气氛，不是说一定要去搞笑当谐星，包括你做人很友善、你很有气质、你学识渊博等，都可以带来愉快的氛围。

第二种氛围就是你的名气让他觉得跟你在一起是很有面子的事情，在和你合照后把照片放在脸书上，有些人很喜欢说他认识某某董事长、认识某某明星、认识某某老师……总之他觉得认识你是可以跟别人炫耀的一件事情。

“问题解决”与“愉快感觉”哪一个更重要？我常在课程上问学员这个问题：大家觉得问题解决比较重要，还是愉快感觉比较重要？许多人的回答是愉快感觉比较重要，但事实上，我不得不说，其实两件事情都很重要。

在问题的解决上，如果你没有影响力，只是让对方感觉很愉快，但是他事业上的问题你没有办法帮忙解决，自然他和你的人际关系就没有那么紧密，所以我认为两件事情一样重要。

客户买的并不是产品本身，而是产品带来的利益或一个解决方案，所以你想要有优质的人脉及自动而来的人脉，你就必须——

让自己变强大！！让自己变强大！！

让自己变强人！！让自己变强大！！

让自己变强大！！让自己变强大！！

让自己变强大！！让自己变强大！！

让自己变强大！！让自己变强大！！

不是我要浪费纸说那么多次“让自己变强大”，因为真的很重要。

你想想看，如果你有一天变成了名人——先明确一下，名人≠ 有钱人，但是通常名人都会是有钱人，这是因为名利双收，当你有名了，利自然会来。比如，假设你是郭台铭的话，你还需要主动去认识人脉吗？答案是还是需要的，因为更强大的人不会来主动认识你。我建议要“高筑墙、广积粮、缓称王”，也就是说你可以给人的“利益点”必须是别人很难模仿的利益点、别人没有的利益点，这样你在人际交往的市场上就很抢手。努力地经营自己吧！让自己变强大！！毕竟投资自己才是稳赚不赔的生意。

2　自己不强大，认识再多人又有何用

不懂得经营自己，让自己变强，认识再多人又有何用呢？这一点太重要了，所以必须再强调一次

你要明白这世界没有雪中送炭的情形（少数不提），都是锦上添花，人际关系这个圈圈也是一样。没有人会想认识比自己能力差的、比自己没钱的、比自己地位低的，所以要有好的人际关系的第一步，请提升你自己的价值（能力、财富、社会地位、名气）。

要想获得自己想要的东西，首先得让自己升值，值钱才能“卖个好价钱”，因为谁也不愿意掏钱买个没用的东西，毕竟钱都是辛辛苦苦赚来的。要知道，除了富二代，大多数的有钱人也是从穷人一路爬升过来的，比我们更懂得交换，懂得给你打分数，更精明，价值判断更精准，更会“算”。你要是没有富人需要的东西，富人为什么要跟你交朋友?

常常听到身边的朋友、同行说认识了谁谁谁，跟谁谁谁交换了名片，跟谁谁谁一起参加聚会……请相信我，他口中的那个谁谁谁其实不会记得他是谁。

不要成天抱怨这个，抱怨那个，那样只会让你丧失发展的信心，等你埋头苦干，经历了一段耕耘之后，你进步了，你的价值提升了，你就会进入更高层次的圈子，你会拥有更多的人脉、资源等，也只有这样，路才会越走越宽。等到那个时候，你静下心来想一想，跟你之前的那个圈子的人会有距离感，你会觉得自己不属于那个圈子，原本那个圈子的人来跟你互动，你会觉得格格不入。你以为你变了，以为自己是一个见利忘义的人，其实不是，你还是原来的你，只不过你现在拥有的资源更多了。也许你还想跟底层的人走得更近，你试图努力，但你发现那样很累，因为你们所拥有的资源不同，各自的角度不同，看问题的方法已经变了，你说的对方很难理解，对方说的你也不懂。其实你们都没变，只是位置变了、角度变了，思维也跟着变了。

就像是这时候你在三十楼跟五楼的朋友说："前面有条很棒的河！"五楼的朋友会说："骗人！前面明明是个二十层的大楼。"

因为在五楼的人没办法看见在三十层楼看出去的景物，所以，位置变了，想法一定会改变。你觉得金钱不像以前那么重要了，更重要的是时间，表示你达到了一定的高度，你现在的时间的价值大于金钱，外出时，你会选择坐飞机或者坐出租车。但是，穷人最不缺的就是时间，他们选择挤公车、坐火车，哪怕路再堵，人再多，他们的时间没有那么珍贵，不需要处处考虑节省时间，他们有大把的时间陪老婆孩子，下班到处闲逛。有时候，你看着他们的生活，仿佛回到了过去，看见了曾经的自己，你不愿再想过去的艰苦生活，觉得过够了，也过怕了，所以，你更加拼命努力，想不断巩固现在的生活基础，为自己的晚年生活累积更多的财富。

最可怕的是，自己既穷又不努力，还想着跟富人交朋友。请问你有什么？富人为什么要跟你交往？所以我们自己要努力要上进，不要等着别人施舍，人家又不欠我们的，穷也好富也罢，我们都要懂得上进，要投资自己的脑袋，要懂得艰苦奋斗，要明白自己动手丰衣足食，只有当我们通过自己的努力，拥有更多的资源的时候，才容易跟周围的人交换，来获取我们想要的东西，我们也才更有尊严。不要总是仇富，留着力气好好努力吧！要知道比你漂亮、比你有钱、比你有能力的人都比你努力，你有什么资格怨天尤人？

写下五个你需要学习的技能，请注意不是你喜欢的技能，而是你需要的技能，如公众演说、商业模式、众筹、写作出书班或是健身、跑步，又或者你有一个想要结交的重要人脉，而他喜欢钓鱼，请你立刻去学习钓鱼方面的相关知识等，现在就把它写下来吧！

1. ____________________
2. ____________________
3. ____________________
4. ____________________
5. ____________________

现在已经写下五个需要去学习的技能，请你放下本书，去网络上搜索你需要上课的信息并报名，先从一堂课开始，立即行动吧！

现在开始做这一步，你就赢了80%以上的竞争对手了。如果不知道要学什么，请试着来联络我吧！我会帮助你！！加油！！

3　你要做跨界人

人人都在谈“跨界”，可到底什么是“跨界”呢？

就如同你正在跑马拉松，看到终点就快到了，但是突然不知道哪里来的一群人比你先跑到终点，从第一名、第二名、第三名、第四名到第十名全部都被他们拿走，他们是哪里冒出来的都不知道，因为你的领域已经被别人跨界经营了。

最典的例子就是马云的支付宝，本来是第三方支付，一夜之间变成了余额宝，余额宝里面有上亿人民币，立刻变成了全世界最大的基金，金融界想都想不到会有这种事发生，这就是跨界。

这是一个跨界的时代，每一个行业都在整合，都在交叉，都在相互渗透，如果原来你一直获利的产品或行业，在另外一个人手里突然变成一种免费的服务，你要如何与他人竞争？如何生存？

跨界其实已经发生在各个领域了。进入21世纪，跨界变成一种显学，人脉的竞争也是一样。别人为什么要跟你做朋友，不再是单一示好的竞争，而是资源整合的竞争，谁能持有资源才是关键。所谓花若盛开，蝴蝶自来，资源是被吸引而来，而非要来的，你应该想的是如何在人际关系中跨界。

以下提供你几个方向：

第一，你有什么资源可以整合起来，做到别人没有、只有你有的？

第二，你可以提供什么样的平台，是他人想要的？

第三，你有什么样的闲置资源，是可以分享出去的？

第四，你有什么样的经历，可以让人觉得跟你在一起感觉是赚到的？

我们以采舍集团的王擎天董事长来举例：

第一，你有什么资源可以整合起来，做到别人没有只有你有的？

王董事长有20多家出版社的资源可以帮忙打造品牌等效应，两岸实友会串起两岸人脉交流的资源，还有培训部门，吸引许多大师共同分享资源，光是王董事长这边可以帮你出书、打造畅销书，这个资源就是市场上独一无二的。

第二，你可以提供什么样的平台，是他人想要的？

王董事长这边有借力致富的平台，还有讲师培训及舞台可以发挥，以及可以打造你成为专家的平台，最重要的是出版的平台。如今我也和王董事长成立了培训平台，让有能力的普通人或是知名的大师，可以在这个平台上培育更多优秀的人才。

第三，你有什么样的闲置资源，是可以分享出去的？

王董事长很多的人脉目前属于闲置资源，但是他为什么要让你用他的闲置资源？最重要的就是和他建立联系。例如你可以参加王董“王道增智会”的课程，可以加入“王道增智会”变成他的弟子，等等，这样他的闲置资源才有理由让你所用。另外，资源分配也是重点，最好的资源顺序是：弟子＞王道会员＞一般学员＞一般人。

第四，你有什么经历，可以让人觉得跟你在一起感觉是赚到的？

以下是王董事长的简历：

台湾大学经济系毕业，台湾大学经研所、美国加州大学MBA、统计学博士。长达20年来台湾数学培训的巨擘，现任开曼群岛商创意创投董事长、香港华文网控股集团、上海兆丰集团及台湾擎天文教暨补教集团总裁，并创办台湾采舍国际公司、全球华语魔法讲盟、北京含章行文公司、北京华文博采文化发展有限公司。荣获英国伦敦城市行业协会（City & Guilds）国际认证。曾多次受邀至北大、清大、交大等大学及新加坡、东京及中国香港和其他大城市演讲，获得良好反响。

现为北京文化艺术基金会首席顾问，是中国出版界第一位取得“编审”职称的台湾学者。荣选为国际级盛会——马来西亚吉隆坡论坛“亚洲八大名师”之首。

2009年受邀亚洲世界级企业领袖协会（AWBC）专题演讲。

2010年上海世博会担任主题论坛主讲者。

2011年受中信、南山、住商等各大企业邀约进行巡回演讲。

2012巡回亚洲演讲“未来学”，深受好评，为华人世界非文学类书种累积销量最多的本土作家。

2013年发表毕生所学“借力致富”“出版学”“人生新境界”等课程。

2014年北京华盟获颁世界八大明师尊衔。

2015年与2016年均为“世界八大明师会台北”首席讲师。

2017年主持主讲“新丝路视频”网络影音频道，获得广泛的回响！

2018年成立“全球华语魔法讲盟”培训机构，以培训世界级讲师为志业。

为台湾知名出版家、成功学大师，营销学大师，对企业管理、个人生涯规划及微型管理、营销学理论及实务，多有独到之见解及成功的实务经验。

相信不用我说明，你就知道跟王董事长在一起为什么感觉是赚到的。各位朋友你想想看，如果你的人生也可以像王董事长那样丰富，你还需要担心有没有人脉的问题吗？所有的人脉会如雪片般向你飞来，这时候你要做的就是挑选对象！

所以你必须做到利他、互补、共赢，这就是整合的三大秘诀。

4　你是否是一个平台

现在是一个合作共赢的时代，如果将很多人聚集起来，发挥每一个人的特点和优势，再复杂的事都会变得很简单，因为人们团结合作互补出来的力量是不容小觑的。

优步（Uber）—— 世界最大出租车车行，却没有自己的车。

脸书（Facebook）—— 世界最红的媒体，却没有自创的内容。

阿里巴巴（Alibaba）——世界交易量最大的商场，却没有自己的库存。

爱彼迎（Airbnb）—— 世界最大住宿提供者，却没有自己的地产。

一个好的平台可以吸引许多优秀的资源，如果这个平台是一个人脉的平台呢？你想办法把自己变成一个平台，你就可以吸引许多优秀的人。那么，要如何变成一个人人都想靠近的人脉平台呢？重点在于你是否能够整合资源，整合是一种资源的优化，而不是某个人拿走了资源！所谓“花若盛开，蝴蝶自来”，这又回到了原点，让自己变强大！！

你要问自己五个问题：

我要什么（必须明确）？

我有什么（清点自己）？

我缺什么（要懂得藏拙）？

谁的手里有我缺的（可以知道，谁可以给你所缺的）？

为什么别人要把你所缺的给你（说服对方给你资源）？

明确这五个问题的答案，你的人脉资源整合大概就没问题了。这世界上正发生着颠覆性的改变，我们的思想一定要跟得上时代！

现在请你清点一下你的资源，并且写下你要补强的部分。

· **我要什么（必须明确）？**

1. ______________________________

2. ______________________________

3. ______________________________

4. ______________________________

5. ______________________________

·我有什么（清点自己）？

1. ____________________

2. ____________________

3. ____________________

4. ____________________

5. ____________________

·我缺什么（要懂得藏拙）？

1. ____________________

2. ____________________

3. ____________________

4. ____________________

5. ____________________

·谁的手里有我所欠缺的（谁可以提供你所欠缺的）？

1. ____________________

2. ____________________

3. ____________________

4. ____________________

5. ____________________

·为什么别人要把你所欠缺的给你（说服对方给你资源）？

1. ____________________

2. ____________________

3. ____________________

4. ____________________

5. ____________________

越明确自己的资源，你可以越快地建立你的平台，建立平台有以下三步骤。

Step 1：组织资源。

第一步最困难也最花时间，你要明确你想要搭建的是什么平台？想要吸引什么人？如何寻找你要的资源，去借、去学、去租还是去买……总而言之，定位一定要明确。

Step 2：公开资源。

记住，不是等都完成才开始做第二步，是同步进行，只是重心80%放在第一步，剩下20%去跟他人分享你未来会有什么资源可以合作。需要强调的是，你要借别人的力，你要的是使用权，不是所有权。

Step 3：倍增资源。

到这一步，你的平台已有一定的规模了，请你去吸引更多的资源进入你的平台，比如通过脸书寻找更多的合作厂商，开发更多的平台功能，将使用平台的人紧紧联结在一起，让他们只能不断地找资源进入你的平台为你所用，到这一步基本上就是别人在帮你壮大你的平台了。

5　至始至终清楚你的目标、目的

“事与愿违者跟着事情走，达成目标者跟着目标走”，高手与普通人最大的差别在于，经营人脉的时候有没有明确的目标。这世上成功者占的比例大约是5%，一般人约占95%，这比例其实跟人脉圈的情形差不多，拥有好人脉、好人缘的人约占5%，一般人缘约占95%。为什么呢？就是因为那5%的人是有目的地与人交往，95%的人是刺激反应性的人际往来，这是什么意思呢？

5%是有目的的交往

有目的的交往就是说在接触到人之前，已经明确了自己要的是什么，想要透过这些人脉得到什么好处。这样做的好处是，不管交往中发生什么事情，都不会让他们停留或改变方向，因为他们知道他们要的是什么。

例如，男生追求女生，目的是赢得意中人对自己的好感。他想追的那位女孩某天来了“大姨妈”，心情不甚美丽，所以特别暴躁，男生查觉到了，并主动关心询问：“是不是身体不舒服啊？”女生回答：“你没有眼睛吗？”男生顿时心里很不高兴，但是一想到他的目的是要让那女生有好感，于是先压下自己的情绪，关心地问：“就觉得你好像不舒服，要不要喝热咖啡？”女生说：“我又不喝咖啡。”男生心里上演着小剧场：“你太难搞了吧，要不是看你漂亮我早就走了，我也是人生父母养的心肝宝贝，我愿意在这边讨好你，还不是要给你好的印象？！”……想到这里，男生又记起了自己的目的是什么，于是再接再厉地说：“那我去买杯热巧克力给你喝。”女生立即眉开眼笑地说：“好，谢谢你！”此时，女生心里对这男生打了89.99分，对他有了好印象，男生也达到让女生有好感的目的。这就是有目的的人际交往。

分析：虽然一开始男生主动示好，但是女生不领情，又用情绪化的字眼回应，男生心里自然不愉快，但是想到他的目的是要让女生有好感，于是耐住性子继续关心，女生还是没有好脸色，男生还是想再争取争取，于是再次压抑不爽的情绪，第三次释出他的关心，女生这次终于给了他和善的回应，男生达成有目的的人际交往，达到了他博取女孩好感的目的。

95%是刺激反应性的交往

这指的是人们在经营人脉时是没有目的的，完全是靠当下的刺激反应决定。同样以男生追女生为例，我们来看看有什么不一样。

男生追求女生，目的是要赢得意中人的好感，约会那天，他想追的那个女孩正巧来了大姨妈，心情不甚美丽，所以特别暴躁，男生察觉到了，并主动关心询问：“你身体是不是不舒服啊？”女生回答：“你没有眼睛吗？”男生受到刺激不爽地呛回去：“不过是问一下而已，有必要这样吗？”女生不耐烦地回答：“我身体舒不舒服是我的事情，关你什么事情！”男生说：“是不关我的事，再见！！”转身离开。女生气愤地说：“谁要再见你！”，以上就是没有目的性的人际交往，是刺激反应性的人际交往，看出来差别了吗？

分析：男生问女生：“身体是不是不舒服啊？”先释出善意，女生回答：“你没有眼睛吗？”男生受到刺激了，因为男生没有目的性的人际交往设定，完全是情绪反应，于是回答：“不过只是问一下而已，有必要这样吗？”这是刺激下的反应，那女孩也反射性地做出人际交往的反应，回答“我身体舒不舒服是我的事情，关你什么事情”，这又是对男生直觉性的反应，最后男生做出转身离开的决定。

任何成功者，不论是在经营事业还是人际关系，都是进行有目的的交往，另一个刺激反应的交往，往往会因为情绪、好奇、生气等的刺激因素，做出刺激下的人际交往，误了大事。你要经营好你跟客户的信赖感关系，有目的地与人交往、相处，始终明白自己要什么，透过一次一次有目的的人际交往，你就可以快速累积客户对你的信赖感，成功收单。

6 不要经营“人脉”，而是经营“人心”

与人培养好关系没有其他的秘诀，重点只有一个，就是“用心”。但现实中，很多人交朋友时非常短视，心里只想着这个人可以为自己带来什么好处，借此评估是否要拿出自己的资源去经营彼此的关系。而这种以功利建立起来的人脉，往往不长久，也不真实。

若你想真诚地与他人建立好关系，至少要做两件事：第一，换位思考，从对方的观点看世界；第二，先帮助对方得到他想要的，进而和对方合作，而不是想着你能从他身上得到什么。

在此与大家分享一个实际的做法，可以帮助大家养成真诚建立关系的习惯。当你和朋友见面或是认识新朋友时，不要再问自己：“跟他交朋友对我有什么好处？”而是先自问：“我们对彼此有什么好处？”久而久之，你就能习惯用心去对待任何人了。

至于“经营人心”最便捷的做法，就是改变自己说话的方式。说话是一门学问，同样的事，同样的话，换个方式说，达到的效果却完全不同。

与人说话的过程中请遵守两大原则

第一个原则，不判断观点的对错。我们最容易犯的错误，就是自己在心里对对方的观点判断对错，其实每个人的观点，只是对事物的不同看法，很难做出谁对谁错的判断。例如我跟一群小朋友出去旅游，旅途中一位小朋友觉得我们车速太快，另一位小朋友则认为一点都不快。一问之下原来觉得车速快的小朋友，他的妈妈开车是属于速度很慢的类型，所以相对来说就觉得今天的车开得快了。另一位小朋友平常则是坐爸爸开的车，而他爸爸常开高速公路，所以相较起来就觉得车速正常。这个例子，就是告诉我们，没有谁对谁错，只是每个人的观点不同。

在我们的头脑中，有一套自己处理事情、辨别是非的价值观或方法论，它不能代表别人，更不能代表真理。如果边听边判断，就会对说话者先下定论或是存有偏见，也就难免会在谈话中带上个人情绪，在言语上失了分寸。

第二个原则，充分尊重。这世界上没有两个完全相同的人，每个人对事物的看法、观点也是不同的，抱着一种学习的态度去与人交流，这是产生尊重的基础。尊重能让对方感觉到你的真诚和善意，所以，若想让他人尊重你，你自己要先做到尊重别人。

说话尽量不使用否定性的词语

心理学家研究指出，与人交流中不使用否定性的词语，会比使用否定性的词语效果更好，因为使用否定语句会让人产生一种命令或批评的感觉，虽然明确地表达了你的观点，却很难让听者接受。例如，“我不同意你这次的提案”，这句话我们可以换成“我希望你重新考虑一下你这次的提案”。实际上，在沟通交流中，很多的问题都是可以使用肯定的字句来表达的。

换一种角度表达，让人更容易接受

同样的一种观点会有多种表达方法，例如，我们要说的意思是某女生很胖需要减肥，你可以说：“你好胖，需要减肥。”另一种说法是：“你五官很立体，若能瘦下来一定很美。”可见，表达的方式很多种，就看你用不用心。如果你是那位女生，你会喜欢哪种说法？当然是第二种。所以，我们在表达自己的观点之前不妨多想个三秒钟，思考一下接下来说出口的话能否说得让人更易于接受。俗话说的好：良言一句三冬暖，恶语伤人六月寒。

善用你的肢体语言

肢体语言包括身体各个部分，为表达自己观点而产生的各种动作。文字、语调、肢体动作，只有各个部分完美地配合，才能产生最佳的效果。交流时文字、语调、肢体动作等所产生的作用是不同的，文字约占 7%，语调约占38%，肢体动作约占 55%，所以我们说话时搭配一些适当的手部动作和脸部表情，就可以让我们说话的内容直入对方心中。

将“命令”改为“期望”

命令式的语言会让人有不被尊重的感觉，这种感觉会削弱人的积极性，导致对方对你产生反感，反而不利于沟通，影响到你的预期效果，例如：“你必须在五天内把资料交给我。”听到此话的人，内心难免会有不舒服之感，实行你的命令自然也不会多尽心。

如果换个期望式的说法，效果就会大大不同。如“依你的能力，相信你会在五天内完成这份报告的，期待你的表现。”这样的说法，在工作场合中效果最是显著。这种期待式的任务交付，不但不会有损你的权威感，反而能大大提升你的主管魅力。

切勿以偏概全

人们说话时经常会把意思扩大化、深层化，再加上自己情绪化的发泄性字眼，这样非常伤人。

例如，小孩子爱玩，不小心把家长心爱的骨瓷杯打碎了，有的家长就会大声责骂：“你就是一个败家子，讲都讲不听。”想一想，只因为孩子打碎一个杯子，就把他说成是败家子，除了发泄你的负面情绪，对事情并没有帮助，骨瓷杯不会因为家长骂孩子几句就完好如初。所以还不如换一种说法："有没有受伤，以后注意点，受伤了怎么办，下次要注意玩的场合，这是爸爸心爱的杯子，你把它打碎了我很难过，我们一起来把它清理干净。"每个人都有善良的一面，每件事都有积极的因素，记得一定要就事论事，绝不以偏概全。

情绪不好的时候少说话

心理学研究证明，人在情绪不稳或激动、愤怒时，其智力是相当低的，大约只有6岁。在情绪不稳定时，你表达的往往不是自己的本意，道理理不清，话也讲不明，更不能做决策。不要相信"急中生智"的谎言，尤其是生气的时候，尽量避免讲超过三句话，因为生气时讲出来的话大多是不理智的气话，通常没什么"好"话！与其等到伤了人、误了事、赔了形象之后再来懊悔，倒不如选择沉默以对，先化解对峙的局面，来得明智许多。在我们的生活、工作中，因一句不合反目成仇，甚至闹出命案的例子比比皆是，不得不慎重对待。

话说的得体能让人喜欢，不只是一个表达技巧的问题，还要我们养成学习和观察的好习惯，不断约束与练习说话之道。要常反思，悟出来的道理才能真正成为自己的，培养好自己的语言魅力吧！

·你有没有能够让自己成为跨界人的某种能力？

1. ______________________________
2. ______________________________
3. ______________________________
4. ______________________________
5. ______________________________

· 如果没有，请你定下至少五种你现在不具备的能力，并且去学习它：

1. ______________________________
2. ______________________________
3. ______________________________
4. ______________________________
5. ______________________________

第三章 付出才会杰出

1 经营人脉要有耐心

2 站在他人立场想事情

3 不要想会有所回报

4 走出舒适圈，丰富人生

5 想象做到好像是

6 给对方想要的，付出才有价值

1 经营人脉要有耐心

在今天的社会，人脉是非常重要的。人脉是一种潜在的资产和财富，但它不具有即时的效果，需要长期耕耘才能收成，一定要耐心布局。人脉在商场上的作用不容小觑，你能否成功，不在于你知道什么，而是在于你认识谁。拥有了丰富的人脉资源，也就等于拥有了巨大的财富，所以，千万不要小看人脉的作用。有时候，自己费尽心力也做不到的事，可能某个关键人物一句话就能轻易解决。

你的圈子决定你的未来

“物以类聚，人以群分”，想要成为什么样的人，想要拥有什么样的未来，这一切都取决于你接触什么样的朋友。如果经常与浮夸的人为伴，你就永远学不会踏实；如果你的朋友都是积极向上，你就更有可能成为努力进取的人。

想让自己的人脉更加宽广，就要提升自己的价值；想要拥有好人脉，就要变得更优秀！你应该能够发现，富人的朋友比穷人来得多，这是为什么呢？就是因为富人有很高的“利用价值”。正如一句老话所说：“穷居闹市无人问，富在深山有远亲。”

要想使自己的人脉网变得更加丰富，就要提升自己的“利用价值”，不仅在事业上如此，在朋友之间也要如此。要想让自己的人脉变得更丰富多元，就要在建立人脉方面加大投资。总有些人经常抱怨自己没有背景、能力一般，如果真是这样，那么所谓的有朝一日能够得到贵人的提携、一夜之间飞黄腾达就只能在梦里实现了。

只要仔细观察就会发现，你的生活中从来都不缺少贵人，他们可能就是你身边的朋友、老板与同事，或者只是一些和你萍水相逢的人。而只要善于拓展并维护自己的人脉资源，你的贵人就会在你需要的时候，及时地向你伸出援助之手。

人缘是无形的资产

无论你从事何种职业或专业，学会处理人际关系，你等于在成功路上多走了85%的路程。美国石油大王约翰·洛克菲勒说："我愿意付出比得到其他本领更大的代价，去获得与人相处的本事。"

朋友是最好的人脉，关系到了，财就来。"有好人缘就有财源"这点是毋庸置疑的，大企业的老板们都非常清楚人际关系的重要性，几乎人人都是处理人际关系的高手。有一句老话说得非常中肯："在家靠父母，出门靠朋友。"我们想要拥有源源不绝的财富，就必须创造一番属于自己的事业。而创立一份事业，通常无法靠单打独斗进行，必须有合作伙伴。合伙人的选择，是影响事业与投资成果的关键，集合大家的经验和智慧，再加上彼此间明确的协定，将使投资过程更加顺利。

2　站在他人立场想事情

你或者你的亲朋也许都曾有过这样的体验：有的人非常热心，但常常热心过头，反而造成别人的困扰。我的亲身经历是，有次朋友聚会，那时我刚好在减肥，所以吃得不多，但也不好意思跟朋友说明原因。朋友相当热情，让老婆切水果招待大家，有凤梨、芒果、西瓜这三样水果。由于大家都已吃过饭，所以吃得并不热络，他生怕大家客气，硬将水果捧到大家面前，一定要求各人拿取，大家脸上都有些尴尬，却不得不一一取了。我知道那是他的好意，但是热情过头反而会造成我的困扰，尤其在我减肥需要忌口糖分高的水果时，他的举动确实令我为难。他认为自己请大家吃水果是在展现他的热情，却忽视了大家已经吃饱了的事实，结果造成了反效果。

凡事站在他人的立场想事情是非常重要的，因为这样你可以精准地善用资源。例如我不敢吃部分海鲜，像虾类、贝类、章鱼等，但是有的朋友因为一般大众认为请人吃龙虾、吃鲍鱼很有面子，就请我吃龙虾、鲍鱼，殊不知，他请我吃一碗卤肉饭，我还会比较开心。

又例如我有个朋友A君是不喝茶的，但有个人为了讨好A君，特别送给他某比赛冠军茶，据悉价格不菲。要是那个人事先打听到A君喜欢的是养乐多，他就能省下不少钱，更精彩地投A君之所好。

当然，站在他人立场考虑问题不仅仅运用在吃的方面，生活中的同理心更是一大重点。例如有一次我在赶业绩时，多打了一通电话询问订单状况，没想到对方接到电话劈头就很生气地骂我，近乎歇斯底里，我原本想反驳、质问，但转念一想，她不是这样火爆脾气的人，一定是有什么事情导致她那么生气，于是我压下自己的火气，让她尽情发泄。等她骂完，我明白了，原来她早上出门前跟男友大吵一架，到公司迟到加上工作上的事情被老板骂，我就刚刚好那时候打电话去，导致了这场“无妄之灾。”我一站在她的立场想之后，就能比较冷静地听她抱怨、吐苦水，偶尔附和她几句。或许是因为情绪找到了出口，等到她“倒垃圾”倒得差不多的时候，她自然地察觉到自己不应该这样，竟然哭了出来，频频向我道歉。这时我温言安慰，表示体谅，等她最后平静下来了，才询问她订单的事情。因为先前这一番安慰与包容，她直接给了我最好的付款条件，我的奖金也因为这笔优惠订单多了两万多元。更重要的是，后来的多次合作都很顺利，在职业发展上，我受她照拂颇多，甚至在离职往其他事业发展时，仍得到她很好的建议。在我确定自己的发展方向后，她经常帮我介绍客户，我们一直保持着良好的关系。这些好处和人脉的发展都源自当初那通电话，我要是没有站在她的立场去体谅她，劈头就跟她吵起来，相信我是不会收获到后面这些资源的。

多站在对方立场去看事情，去想事情，相信你在人脉经营上会事半功倍。

3　不要想会有所回报

一位女性朋友与我闲聊时抱怨她的男友过于讲求公平，例如男生负责开车，女生不能在旁边睡觉，要陪他聊天；男生负责家里水电维修，女生要负责料理；男生负责洗马桶，女生就要负责洗浴缸；男生帮女生买宵夜，女生就要帮他按摩；男生凡事要求我对你好，你要有所回报，所以两人常常争吵，最后以分手收场。

很多人在付出的时候，心里总是期待会有所回报，要是回报结果不如预期，就会觉得付出不值得、感觉被骗，心里很不是滋味。但是换个角度想，要是我们在付出的当时，只是单纯发自内心地想帮助对方，认为没有回报是正常的，若是有所回报则是赚到，之后每一次付出的时候就会没有挂碍。

如果不想当“冤大头”，你也可以在付出前先衡量自己的能力，例如有朋友找你借钱，这时候要假设对方不会还你这笔钱，如果这对你的生活没有影响，你就可以借；如果有影响，你就要考虑拒绝借出这笔钱，或是降低金额。不求回报不是要你做烂好人，而是说付出的对象一定要是精准的人脉，也就是说值得你付出的人。并不是所有的人都值得你付出，而且有时候所谓的回报不一定是马上可以见到的。

我前公司有个同事，他做人很好，凡事找他帮忙都可以获得解决，而且他帮忙后不会要求回报。我们常常问他这样不是当烂好人吗？他说，不求回报心中自然不会有所期待，就不会有落差，但是回报常常在无意间发生。他分享说，之前我们公司有一位新来的行政，负责复印资料的工作，每次开会她都要准备资料，问题是公司的复印机常常故障卡纸，女生对机器这方面又不在行，我那同事看到就会主动帮忙，帮忙几次后他就变成那个行政的朋友了。之后，这名行政有新的人生规划离职了，也和我同事断了联络。后来过了两年多，有次我同事去拜访一家公司争取订单，老板因为在忙，就先请秘书在会客室接待一下我同事，好巧不巧，那秘书正是当初那位行政，因有旧交情在，我同事也在那秘书的协助下，顺利取得一笔很大的订单。要是当初他没有帮她修理复印机，相信不会在两年后获得她的帮忙。陆陆续续那位前行政也帮我同事转介绍了很多客户，因为她会知道公司供应商的一些资料，对她来说不过是顺手的资料，但对我同事来说则是业务员宝贵的资料。

最后，我同事总结了他凡事不求回报最大的关键，原来他漂亮的老婆也是他不求回报追来的。当初追求他老婆的时候，他只是单纯地想对她好，一开始他老婆根本对他没感觉，那时他抱持的想法是：没有回应是正常的，若是有回应就赚到了。没想到第三年才打动了他老婆，第四年两人就结婚了。他人生的态度就是如此，先看看要帮忙的对象是谁才决定要不要帮。

· 帮忙的对象：

有关系者→老婆、同事、朋友、同学、邻居、亲戚等。

与业务相关者→主管、客户、厂商、公司同事、送货司机、大楼警卫等。

可以带给你利益者→老婆、面店老板（可以多块肉）、客户的员工等。

让自己心情爽者→美女、帅哥。

· 不帮的对象：

讨厌的人、欲求不满的人、毫无关系有手有脚者、自以为是的人、说三道四的人等。

我们不是要当滥好人，也拒绝当“大仁哥”，但是我们要有一个观念，就是拉低你的获利点，先让利出去。没有人喜欢吃亏，我们可以先让他人得利，之后我们再来获利，先主动释出善意，主动打招呼、帮助他人、让他人心情好，之后别人也会这样对你的。先降低获利点还有一个很大的好处，就是你的客户会变多。为什么会变多呢？因为你是提供好处者，没有人不喜欢好处，一旦量大、人多的时候，根据漏斗理论，你就可以筛选出优质的人脉。量大也是经营人脉一个很重要的元素。例如，我要请几位大陆朋友吃晚餐，我们选择吃台湾菜，有两家餐厅可供选择，各位猜猜，我们会选择哪一家呢？答案是人多的那一家。同样地，如果脸书上有一个人突然主动加你，于是你去看他的资料，一看只有20个朋友，或是一看他有4575个朋友，你会比较想加只有20个朋友的人，还是有4575个朋友的人呢？答案不言自明。当一个人朋友多的时候，我们自然就会认为他很厉害、他人缘应该很好、他应该是成功人士等。所以，请记住这一点，当我们要应付一个人的时候，我们不是在应付理论的动物，而是在应付感情的动物。

在亚当·格兰特的畅销书“*Give And Take*”提到了一个有趣的研究结果：

“事实上，给与受的人际互动原则与成功之间的关联非常密切，如果请你猜谁最难成功，在给予者、接受者和互利者三者之中，你会猜谁？而研究指出，就跟大多数人想的一样，给予者确实屈居成就金字塔的底层，因为他们总是扶别人一把，过程中却牺牲了自己成功的机会。”

但是，如果成就金字塔的底层多是给予者，那高居顶端的又是谁呢？是接受者或互利者？

两者皆非。观察研究资料，发现了一个惊人现象：社会上最成功的人也是给予者，而且这不是特例，而是普遍现象。就像我书里的观念一样：“付出才会杰出！”

狮子会的创始人，茂文钟士（Melvin Jones），他的座右铭是“开始为他人服务，您才能成就大事”（You can’t get very far until you start doing something for somebody else），成为指引全世界热心公益人士的信条，而这也是人脉经营的真谛。

4　走出舒适圈，丰富人生

不断地走出舒适圈，去尝试自己的各种可能性！无论个人还是企业，如果设定了新的目标，就必须离开原有的“舒适区”，去改变原有的生活习性，克服心理障碍，挑战自我的潜能，去发掘自己真正的能耐在哪里。例如，想成为一名社交高手，首先要克服自己的胆怯，主动和人聊天；想成为营销高手，首先要克服惰性，主动聆听大咖们的分享，哪怕只是几分钟。走出舒适圈，给自己多一点挑战，你会看到更好的自己！

唯有脱离旧有舒适圈，才有机会成长。一旦你决定走出舒适区，并每天付出努力，你将会收获许多惊喜，迈向自由区。首先，我们定义一下，什么是舒适圈？什么是自由区？

舒适区

舒适圈（Comfort zone），指的是一个人所处环境的一种状态和习惯的行动，人会在这种安逸状态中感到舒适并且缺乏危机感。那些很有成就、很成功的人通常会走出自己的舒适区，去达成自己的目标，舒适区是一种精神状态，它会给人带来一种非理性的安全感，类似惰性，当人围绕自己生活的某一部分建立了一个舒适区之后，他就会开始倾向于待在舒适区内，而不是走出舒适区。

一个人走出舒适区，就必须在新的环境中找到新的不同的行动方式，同时回应这些新的行动方式所导致的后果。

自由区

“自由区”是我自己定义的，“区”比“圈”范围来得大，意思是说达到财务自由的境界，不必为三餐烦恼，生活的时间可以自己安排。

当然有的人会说，我财务自由了，还要建立什么人脉，为什么还要那么辛苦？财务自由固然很好，但是你有没有想过，财务自由不代表你有很多的财富可以让你退休，财富自由只是你每个月的被动收入大于你每个月的开销，也许你每个月开销不到两万元，刚刚好你有一个投资每个月的回报大于两万，这也算是财务自由的一种。

我要各位进行的是两个阶段，第一阶段是让自己快速达到财务自由，第二阶段就是财务自由后的自由区生活，唯有达到自由区生活，你才能快速累积大量的有效人脉。你想一想，如果你每天要上班又加班，早上天一亮就赶着去上班，等你下班了，月亮高高挂，你哪里来的时间去经营人脉？办公室里的同事或许可以，但是同一领域的人脉通常是没什么用的，跨越各种领域的人脉才是值得经营的。

如果你必须为三餐打拼的话，也没有什么钱可以用来经营人脉，那要经营高端人脉就更不可能了。这不是花钱的问题，而是时间上的问题，因为那些高端人士所有的时间都是自己安排，他们可能星期一的下午去喝下午茶，星期二早上去打球，星期三整天去爬山，星期四早上谈论投资案，下午找一些股东聚餐谈投资，星期五去参观别人的项目……你想一想，如果你是朝九晚五的上班族，哪里有时间可以参与他们的生活，他们要介绍一些好的人脉项目给你都困难。有的人可能要说：“我假日可以啊！”但那些高端人士可不可以呢？通常假日他们不太跟不熟的人聚会，他们会跟家人或是好友，在自己的家里悠闲地度过一天。所以，星期一到五你要上班，要经营这些优质的人脉是有困难的。

你要达到自由区的前提是你要离开你的舒适圈。离开舒适圈说起来很容易，做起来很难，因为你将面临安全感的缺失、不确定性以及各种阻力的考验。离开舒适区是有方法的，这本书里都有提到，首先你必须订下目标，一个很简单的目标，让你不舒服但是又不会很不舒服的目标，例如每天先向你社区中的警卫打招呼，或者向公司里的大楼警卫问好。这够简单吧！为什么要这样做？我在本书的其他章节有提到原因，这里就不再赘述了。总而言之，你要慢慢地习惯不舒服的感觉，等适应了之后再进一步走出去，但不要一下子走到让你“特别”不舒服的地方，否则你就会崩溃，就别提实现你的目标了。

5 想象做到好像是

这部分我想分两点来谈，第一点谈想象力，第二点谈语言的力量。

想象力

很喜欢一句话，“想到才会做到”。

假设你来到了台北市，不管出于什么原因，一定是你先有到台北这个念头，你才会出现在台北市；你成为一家公司的老板，一定是先从成立一家公司开始。也就是说，你要先“想要”才有机会“得到”。那么，人际交往中，在你还没有取得对方的信赖感的时候，首先，你要有想要认识他的念头，你才会想出一些方法去认识他。之后，再想象你跟他是死党，他对你的态度是好朋友的关系，他会很照顾你，他有赚钱机会会引荐给你，他百分之百地支持你。

语言的力量

请问你相信每天对自己说正面的话语能促使你产生改变吗？

以前我曾经听过一个实验，科学家分别对两棵树讲话，对着A树天天赞美鼓励，于是那棵树长得又高又壮、生气勃勃，另外对着B树天天骂它或讲负面的事，结果那棵树渐渐枯黄多病、死气沉沉。也有畜牧人做实验，天天放音乐给奶牛听，结果奶牛的奶量多品质又好。

当初我对这实验抱持怀疑的态度，于是我亲自做了类似的实验。我拿了一包绿豆，取100颗绿豆分成两份，也就是每一份有50颗绿豆。我把绿豆铺在卫生纸上面，并且每天用一样的水量去浇种绿豆。接下来我对其中一份绿豆天天讲负面的事，对另外那份绿豆则天天进行赞美与鼓励，第三天就稍稍看出二者有所差别，到了第16天生长情况完全不同了。亲自实验后，我完全相信语言的力量，树、奶牛跟绿豆都如此，何况是听得懂的人呢？

所以你每天要对自己说一些正面的话，例如，“我的客户都会喜欢我”“朋友们都会主动帮助我”“我的客户都很信赖我”“我很会交朋友”“所有人都会主动来认识我”“客户都爱我”“我可以跟任何人交朋友”“我每天都会认识新朋友”“我会主动去认识新朋友”“老板们都会成为我的朋友”“我很爱交新朋友”……所以你要常常做“想象做到好像”的练习，有“想到”加上“行动”一定可以做到的。

6 给对方想要的，付出才有价值

我有个朋友是制造业的老板，逢年过节老是送我红酒。我知道他本身并不喝酒，于是好奇地问他，他说是一个厂商的业务送他的。我问我朋友说：“他不知道你喝酒会起酒疹吗？”我朋友说他应该不知道，不然怎么会一直送他红酒。我猜想是我朋友的办公室有几瓶红酒当装饰，所以那业务以为我朋友很爱红酒，一厢情愿地就认为我朋友是红酒爱好者。我打趣地问我朋友说，送你一瓶500元酱油和一瓶5000元红酒你要哪一个，我朋友选择酱油，因为他喜欢吃东西都沾酱油。我心中蛮同情那个业务，送那么贵重的礼没有达到效果就算了，还被人认为你不懂我，真是吃力不讨好，要是他能事先打听到我朋友爱的是酱油，送他高级酱油也不过一千左右，我朋友收礼会收得更开心的。

如何更了解对方

人际关系的交往何尝不是如此，给对方想要的，你的付出才会有价值。很多人会说，我要怎么做才能知道对方需求的是什么？期待的是什么？才能达到“送礼送到心坎里”“雪中送炭”的效果？以下提供几个还不错的方法与大家分享：

直接问

以我朋友的例子来说，如果你是那名业务员，你可以直接问：“王董事长，请问您最爱的食物是什么呢？”这属于单刀直入的方式，缺点是有些老板会觉得你不够用心，但是直来直往个性的老板却很吃这一套，可以直接询问无妨。这个方法最不会出错，尔后送礼就能有所依据。

旁敲侧击

不直接询问，而是问对方平常喜欢的休闲活动，最常吃些什么等，请问他你要送人礼品的话要送什么礼品比较好呢？类似这样的旁敲侧击，可以让他讲出他喜欢的送礼项目或方式。你也可以这样问：“×老板，假设有厂商送您红酒的话您觉得如何呢？因为我在帮公司调查过年的礼品。”这种假设法对方会认为你只是在询问统计意见而已，进而你也可以问他：“如果公司要送您礼品，您会比较喜欢哪些礼品呢？”

经验观察

培养观察力，这是可以让人感觉到最贴心的做法，通过后天来训练敏锐的观察力，有效地进行观察，让观察变成一种生活方式，并扩大你的观察范围。有些人的观察视野很狭窄，他们只看见眼前的事物，那些事物几乎也就是他们所认为的世界的样子。然而有些人的视野则更为广阔，并且能够把观察到的地方扩大。显然，观察视野越广阔越好。宽广的视野可以增加你看见事物的机会，并获得更多的信息，如可以通过他的好友观察他喜欢什么类型的人；通过他办公室的风格来了解他的喜好偏向；通过他与人的互动，了解到他的性格……不然你可能会错过这种机会并失去这些信息，让观察成为你生活的一部分，并且持续练习，不停地透过观察力的游戏来提高自己的观察力是可行和高效的途径。

询问周边的人

这个方法也是可以的，但是要加上自己观察和问对人，如果问的是对方董事长的秘书基本上是对的，但是你去问的对象有可能他也是猜测的，建议你可以多问几个人，再交叉比对一下，这样才可以综合出正确的信息。

第四章 如何每天认识新朋友

1 善用空闲时间交朋友
2 主动出击+马上行动
3 缘故陌生化，陌生缘故化
4 放开一点
5 扩大社交圈
6 做个打破僵局的人
7 如何让他人喜欢你
8 跟进的重要
9 善用科技产品

1 善用空闲时间交朋友

不论是在上下班通勤时或是在闲暇时，你可以观察别人，大多数都是低头滑着手机，发微信、看脸书传递的各项信息，生怕没有看到朋友打卡的信息。不可否认，智能手机带给我们极大的方便，但它也无形地制约着我们的日常生活。请问你是不是早上一起床第一件事不是去梳洗，而是拿起手机看看LINE、脸书，玩游戏或是其他的APP，从早上起床到睡觉前你碰手机的时间应该是最多的。可以说，我们是活在手机的无形阴影下，在每一个低头中，我们也失去了真我。我不是要你远离手机，因为连我自己都做不到，而是在有机会可以认识新朋友的时候放下手机，认认真真观察周遭环境。

我知道有些人包括我一样，在脸书的朋友有几千人，但是绝大部分都没有见过面。请放下手机，把查看脸书的时间安排在一个人独处的时候，有机会认识新朋友时，你就应该积极、认真地去认识新朋友。

去年我有一个目标，就是每天认识一个真实聊过天的朋友，而不是脸书上点击“加入好友”或是“接受好友”就可以变好友的功能，因此只要认识了新朋友，我就尽可能地与他拍张合照，这样一来我会记得新朋友的长相；二来我可以借此跟他加LINE、脸书或其他联系方式。而且我会把他跟我的合照发在脸书上，同时设定只有我能查看的权限，因为我的目的不是要我的朋友圈看到我交了多少朋友，而是用来记录、提醒、监督自我每天的行动，以防自己因为偷懒而懈怠。

一开始我有这想法其实是来自“自觉”。我发现在一天的各个阶段，例如，吃饭、走路、运动、聊天、聚会，几乎所有的活动都与手机脱离不了关系，这些时间其实都是可以认识陌生人、开阔眼界的机会，却被手机占据。认识陌生人有趣的地方在于，你不知道对方的背景，所以你不会有所顾忌。我的意思是如果你知道对方是某上市公司的董事长或是某政府单位的高官，这时候你反而会缩手缩脚地不敢去主动认识。

一开始实行这项计划时，会感到紧张、犹豫、心跳加速，内心还会出现“我干吗要这样做？有必要继续下去吗？”的声音，但是我跟自己说我要踏出舒适圈，我也已经做好决定每天认识一个陌生人，我要克服不存在且看不见的恐惧，真真实实地面对陌生人。被别人拒绝的恐惧，只不过是大脑担心我们内心受伤，而编出来的一堆可怕的画面而已，如果一直让自己活在自我局限的压力下，很多事情都无法跨出那一步，只有尝试才知道结果。

如果你与陌生人搭话，对方觉得你很奇怪而对你说“不”，那其实是很棒的体验，因为你可以吸取经验、帮助你克服任何消极的感觉，渐渐地，你对于外界的紧张感就会消失。你必须接受拒绝，不要害怕，但要从中吸取失败的教训，久了之后，搭讪的功力也会提升。这样认识朋友的过程改变了我的想法，让我变得更加积极、乐观、充满勇气。

而每天固定认识新朋友的好处是，它能让你了解不同的人生经验，在这种情况下，总是会有许多意想不到的惊喜。我试过在不同的场合与情境下主动找陌生人攀谈，并从中了解什么样的情况下搭讪最容易成功、什么是不恰当的。这是一连串的尝试、学习，当你持续这么做，成功率就会越来越高。而真正愿意跟我聊天的朋友，也都很支持我的计划，甚至有几个朋友也在学习我的目标，我们还会在LINE上彼此打气。

有的人会问我什么样的人适合去搭讪，在什么情况下适合主动搭讪。这些其实很难划定范围，通常就是很自然地发生了，如一起坐公交的时候、一起排队、一同搭电梯、一起运动健身……这些都是不错的时机点，你可以先开口说："你好，我可以问你一个问题吗？"然后你向对方说明你的来意、每天的目标以及你想要认识新朋友的初衷，并跟他们聊天。聊天时的重心要摆在对方身上，试着去了解每一个人的经历，你和对方可能只是进行三分钟的简单交谈，但也有些朋友会与你畅聊，甚至一起用餐长达一小时。透过这样的方式，你会发现这世界永远比你想象的还有趣，有太多太多的人际关系值得你去发掘。最后，你可以要求与对方合照，有时候你会被拒绝，但是没关系，你也别放在心上，合照并不是你的目的。有些朋友会说，你不可能跟每一个人都保持联络，这没有错，但是我的重点是我得到了什么，当下我得到了：克服恐惧的勇气、搭讪的经验、与对方分享人生的经验、离开舒适圈的那一步……每天都要认识新朋友，这的确是十分不容易的，特别是你要经历各种不同的拒绝、怀疑、藐视。不过，我也真正地离开了我的舒适圈，各种拒绝、冷漠、热情让我对人生有更多的感悟。

2 主动出击+马上行动

我曾经因投资失利而损失上千万，当时想在短时间内就把失去的钱赚回来，我评估了一下，以自己目前从事的保险业没有办法让我在短期内赚回失去的钱，于是我主动出击，积极寻找机会。我知道我必须去学习，所以我报了许多国内外大师的课程，希望在其中可以找寻到一些机会。

就在一次新北市板桥举办的一场关于多元收入的演讲会中，我认识了我的师父——王擎天董事长，那一场演讲他分享了他人生成功的四桶金，我听完后茅塞顿开，马上行动加入了王董事长创办的“王道增智会”（这个名字意思是听王博士说道理可以增加智慧），最主要的目的其实不是学习课程（想到才会做到），而是与王董事长建立联系，成为他的会员，之后也上了王董事长很多的课程，结交到更多的朋友。

在王董事长着手其退休计划，开始招收弟子，我第一时间行动，成为王董事长的弟子。2017年王董事长举办“世华八大明师”，因为缺主持人，我毛遂自荐成为总主持人。因为我表现得还不错，受到王董事长的青睐与栽培，于是接下王董事长培训事业，成为他的接班人，更成为2018年亚洲八大名师的其中一名讲师，也才有机会出这本书。

主动出击，马上行动，主动追求你要的人脉，想办法接近他，并与他建立联系（我和王董事长一开始是师生关系），而且这一切不仅是主动出击就好，你还要马上行动，因为想要成功的人很多，你行动晚了，机会或许就成为别人的了，“主动出击+马上行动”才是关键。

现在，请你合上这本书，拿出笔和纸，写下你最想认识的一个人，一开始不要写难度太高的，如郭台铭等名人，你可以写公司的总经理、客户的主管、星巴克漂亮的服务员、同事帅气的哥哥，总之，这些人在你生活中是可以接触到的，不是出现在电视上或网络上的那些遥不可及的人。接着，写下三个可以跟他建立联系的行动方案。最后，请你现在、马上、立刻去行动，成功的话恭喜你，失败的话也恭喜你，因为你已踏出成功的第一步。

在这个过程中，重点不是成功或失败，而是去做的感觉，并且给那常常欺骗你并充满谎言的大脑一个教训，跟大脑说我可以承受失败的结果，即便会觉得不舒服也能够接受它。实践完“一个人脉三个行动方案一个结果”，再继续读下去。

3 缘故陌生化，陌生缘故化

刺猬是一种全身披着刺的动物。这种动物通常是群居，自成一个小团体。西方有一个刺猬定律：每当天气寒冷的时候，刺猬被冻得浑身发抖，为了取暖，它们会彼此靠拢在一起，但是它们之间始终保持着一定的距离。原来，如果相互距离太近，刺猬身上的刺就会刺伤对方，但如果距离太远的话，又达不到相互取暖的效果。于是刺猬们找到了一个适中的距离，既可以相互取暖，又不会被彼此刺伤。

在职场上，也有所谓“刺猬理论”，我们称它为人际交往中的“心理距离效应”。在人际交往中，人际关系的距离并不是越近越好。“距离产生美”，不要时时刻刻把自己的透明度设置为百分之百，要懂得运用距离效应。

许多人交友都会陷入一个误区。他们认为好朋友之间无须讲究客套，讲究客套太拘束、太见外了。这样的观念完全是错误的，好朋友之间也应当注意保持距离，朋友间相处，也需要有一些空间，太过亲近，不小心忘了分寸，口无遮拦，会导致彼此之间关系紧张。另外，大家来自不同的环境，接受过不同的教育，相处时间一长，即使再亲近的朋友，也难免会有摩擦或小口角。人的感情是很奇妙的，太过疏远难免淡漠，太过亲密难免疲惫，只有保持适中的距离，才能维持新鲜感，就算是关系最亲密的夫妻，相处的时候也需要有些距离，要有属于个人的空间。距离是一种美，也是一种保护。感情容易滋养人心，也会轻易伤害人心，不管是血浓于水的亲情，还是海誓山盟的爱情，都可能在不经意间刺伤对方，留出距离就是给彼此的感情腾出一个足以盛放的空间。为何有朋自远方来不亦悦乎？远方的距离造成了更多的向往和更多的牵挂，距离太近可能换来的是更多的摩擦。

“缘故陌生化，陌生缘故化”，这句话做保险的朋友应该常常听到，它的意思其实很简单，就是自己的亲朋好友，相处起来要用陌生人的方式去对待，刚认识的陌生朋友要犹如好朋友一样对待，因为我们常常对待熟识的朋友失去了界线，有时候超过了份际却不自觉，这样会让对方很不舒服，自己却浑然不觉。很多人与朋友相处久了就认为很多事情是理所当然的，继而失去了尊重，最后渐行渐远。不知不觉间，他不理你，你也不爽他，你们从此不相往来了，都是因为没有保持界线。

而对于陌生的朋友一开始过于客气，你和他的距离会拉得很远，透过你和亲朋好友的相处模式去应对进退，可以快速拉近你们之间的距离，培养信赖感，这也是最基本的拉近关系的方法。

4　放开一点

人的性格分成DISC四种，即支配型（Dominace）、影响型（Influcens）、稳健型（Steadiness）、分析型（Conscientiousness）。其中I型性格的人属于热情爱表现、专注于人际互动、善于运用群众魅力、富有创意，这些特质在人际互动中是比较吃香的，但这不是绝对的。每一种类型都有其优缺点，因为这一书的主题着重在“放开”，所以才会针对I有影响型（Influcens）的优点来说，属于其他类型的朋友，则必须让自己放开一点，主动去接触人群。

我之前从事保险业的时候，有一位客户生日，我买了蛋糕送去客户的公司。客户公司在一栋综合型大楼的五楼，一般业务送客户蛋糕的做法不是放在柜台就是亲自交给客户本人，然后讲一些祝福的话就离开了。而我不是，我在一楼电梯的时候，就把蛋糕拆封，插上蜡烛，点上烛火，从五楼电梯出来便端着蛋糕慢慢走去客户的办公室，途中经过柜台、办公室、会议室最后到他的办公室，快到办公室就开始唱生日快乐歌，这时候办公室里的所有人都看到我客户从他办公室走出来，也开始凑热闹地一起唱，最后大家一起吹蜡烛、分蛋糕，我的客户则拍我的背说："干吗这样大费周章呢？真是谢谢你了！"在我送蛋糕的过程中，我可以感受到他的开心。从踏进他的公司到离开，不过半小时左右，其实跟一般人送蛋糕过去闲聊一下的时间差不多，我们花的钱一样，路程一样，心意一样，目的一样，但是给客户的感受却完全不一样，给他办公室同仁的感受也不同。在我离开之后听我客户说，他跟同事们说我是他的保险业务员，他们全都难以置信，都说自己的保险业务员怎么都没有做到这样贴心。那个星期我的庆生举动传遍了整栋大楼，连其他公司也都有所耳闻，我不仅取得了我客户的强烈信赖感，以及他身边同事的好感，而且连同整栋楼的其他公司，没看到只听到这件事的人的好印象也一并捕获了。

用一样的成本，但是我的表现方式放开点，结果就大大不同。当然，不是所客户都喜欢这套，还要靠你平常的观察记录。学习DISC性格分类，对你的人际关系会有帮助。我鼓励比较害羞内向的朋友，练习把自己放开一点，慢慢练习，这也是踏出舒适圈的一个方式。

5　扩大社交圈

我相信超过一半的朋友，从学校出社会后都没有参加过任何社团，我建议至少找一个社团加入，我本身也是加入狮子会后才打开我对社团的视野。

还记得我说过"想要才会得到"的理论吗？我记得那时候我在保险业服务，一直对社团充满了好奇，直到一位好友的妈妈（徐碧燕女士，是狮子会某区的公关长）打电话邀请我加入，进而当选苗栗县玉丰狮子会1516

十八届会长一职，就此打开我的视野，也认识许多好友。感谢在我当会长期间，会里的戴美玉前总监的教导，也感谢当届的总监黄锡峰总监的提携，让我参与全国狮子会讲师的训练，奠定我在培训业的基础。有的人会认为加入社团好像都是在吃喝玩乐，都要喝酒、要花很多钱。其实不然，这边就不详加说明，建议大家先通过各类媒体、论坛去了解。我的重点在于，参加社团其实就是跨领域的一个方法。之前我给大家建议过，尽量不要都结交相同领域的朋友，尽量涉及各个领域。因为你不知道人生的贵人可能出现在哪一个领域，加上你在同领域遇上的都是跟自己差不多层级的人，不太可能跟更高层级的人建立联系。但是，去参加社团就不一样了。我的一个客户是工程师，他喜欢打羽毛球，经常去羽毛球馆打球，他还参加一个羽球社，每周固定聚会打球一次，经过三四个月后才知道里面卧虎藏龙，有一个是设备供应商的老板，两名台积电的员工，一个是研发的处长，一个是制造部的经理，有一个是餐厅老板，有一位女士的老公是议员，还有一名检察官。我的这个客户通过羽毛球社，可以认识那么多不同行业的翘楚，其实这样开发人脉也很有趣，因为你也不知道你加入某个社团之后会遇上谁，但是贵人就在身边，关键是要用心去找，请扩大你的交友圈吧！

迅速扩大你交友圈的四大方法

1. 通过转介绍，扩展你的人际关系

美国人力资源管理协会与《华尔街日报》共同针对人力资源主管与求职者所进行的一项调查显示，九成五以上的人力资源主管或求职者通过人脉关系找到了适合的人才或工作，而且也有超过六成的人力资源主管及求职者认为，这是最有效的方式。

在中国大陆也曾有一项关于“最有效的求职途径”的民意调查，其中

“熟人介绍”被列为第二大有效方法。所以，根据自己的人脉发展规划，可以列出需要开发的人脉所在的领域，然后，你就可以从身边的熟人开始寻找或请熟人介绍你所希望认识的人脉目标，创造机会。

2. 学会把握机会，处处是机会

想要创富成功，一定要善于把握机会，抓住一切机会去培育人脉资源与关系。举例来说，参加婚宴，你可以提早到现场，那是认识更多陌生人的机会；参加演讲、课程等活动，要抓住机会多与他人交换名片，利用休息时间找人多聊聊。需要注意的是，在这过程中，态度与言语的拿捏十分重要。

3. 加入专业社团

想要扩展公司、单位以外的人脉，可以扩大交友范围，通过社团活动来开拓来你的人脉。在平常，若太过主动接近陌生人，因对方无从得知你的企图，容易引起对方反感而被拒绝。但是通过参与社团活动，人与人的交往将更加顺利，能在自然状态下与他人建立互动关系，扩展自己的人脉网。而且人与人的交往，在自然的情况下发生，往往有助于建立彼此间的情感和信任。如果参加某个社团组织，最好能成为干部，如理事长、会长、秘书长等，这么做并非为了谋求权力，而是为了争取一个服务他人的机会，在为他人服务的过程中，自然就增加了与他人联系、交流与了解的时间与机会，人脉网络也就在自然而然中拓展开来。

4. 塑造个人形象

没有人会一开始就知道你的实际价值，只能通过你的外在形象来认识你。你是不是经常抱怨人们不知道你的真实能力，而不愿意给你机会呢？是的，你在别人眼里的价值，是你的形象价值，永远不要期望他们知道你的真实价值。一个人的能力要么被低估，要么被高估，大多数人的能力都被低估了，想被更多的人认可，那就要提高自己的形象价值，你的形象价值提高了，更容易让伯乐和你接触，人脉自然就来了。

你要有意无意地引导别人记住并传播你的核心价值，记住，你是一个品牌，品牌要有自己的核心价值，才能被他人所认可，而你也需要不断地打造并传播自己的核心形象。当他们有某个方面的需求时，就会在第一时间想到你，有价值，你就有人脉。

6 做个打破僵局的人

“化危机于转机”，将尴尬变成你的优势，做个打破僵局的人，能让你结交更多的朋友。尴尬是一种让人不知所措的状态，但它最大的特色是，无论你打破尴尬是用什么样的方式，打破的结果都会比尴尬本身要好。回想你身处尴尬之中的时候，是不是感觉度日如年，很想时间赶快过去，但是偏偏这时候时间又过得特别慢，但这其家是一个可以好好利用的绝佳机会。为什么呢?

因为在那样尴尬的境地下能带领大家打破僵局的那个人，会让在场的人很自然而然地跟随。还记得大学有一次举办联谊聚会，有12个男生，9个女生一同出去玩，中午大家一起去五楼的餐厅用餐，搭电梯时，我们一群人分两批上楼。第一批10人全部进去的时候，突然后方有一个中年人硬挤了进来，电梯发出了超载警示，但是那中年男子却若无其事地站着不动。一群人僵着，也没有人敢去劝那中年男子，大约过了10秒钟，有一位胖胖的同学说：“我出去好了，我爬楼梯减肥。”这时候那中年男子才意会过来是他造成超载，他说声“抱歉”就出去了。这时大家都对那打破尴尬的同学投以感谢的眼神。用餐时，原本大家聚会时那名胖胖的同学都是默默在旁边吃东西的一员，今天身边却围满了联谊的女生，三不五时讨论说他人很好、会为他人想、很幽默等。下午的行程中他身边也总有两三个女生围着，这都是因为他那时候打破了让人不知所措的僵局。

带领我们离开未知状况的人，往往会受到我们景仰与跟随，也就是说，众人都处于一种暧昧不明、尴尬的情况下，先打破尴尬、给予方向感或先解决未知状况的那个人，他就能掌握优势、掌握主导权。

想象一下，你坐电梯回家的时候碰到了邻居，你们平常也不聊天，却要搭同一部电梯到二十楼，而这电梯非常慢，在这过程中如果你主动提起一个话题，对方基本上都会顺着你的话题去聊，不会反驳你、不理你，因为你在当下打破了那种尴尬的情况，他自然而然就会跟随你，与你变成朋友的概率就提高了。尴尬对我们来说是一种压力，对对方来说当然也是一种压力，你给了对方一个“出路”，让你们俩一起走出这个尴尬的状况，你就可以控制这个局面。

简单来说，能够打破尴尬的人，往往能成为主导者，如果主宰这个情况的人是往好的方向走，后续也会往好的方向去；反过来说，要是他往坏的方向引导的话，后续当然也会往坏的地方发展。打破尴尬时候用一种善意的回应，是最好的方式。如果你可以利用好这个机会，甚至可以认识生活中平常不可能认识的人，你可以想想看，在职场或是生活中，有哪些人是你碰到会很尴尬的人，试着利用那些尴尬的场景，让你反过来控制局面。

我有一个朋友性格开朗，丝毫不像一般都市人那样遇见邻居就觉得很尴尬，他总是很主动地跟邻居打招呼，于是他跟邻居都很熟。我朋友在社区原本没有车位，必须把车停在离社区有一段距离的停车场，与邻居熟悉之后偶然一次提到这个情况，有位邻居主动提议让他把车停在那邻居家不用的车位上。所以主动打破尴尬，释出善意的人，会在人生中获得很多很好的机会和结交到许多朋友。

不要害怕尴尬，下一次不论是在电梯里面，遇到不认识的陌生人，在公司餐厅遇到老板或是在路上遇到前男（女）友，都不要害怕，主动跟他们打招呼，主动把对话引导到好的方向，会有意想不到的好结果发生。

有时候我们会和好朋友因为一些事情起冲突而冷战，一个月或是几个月都不连络，见到对方也当作没看到，这也是一种尴尬的情况。因为你不是不愿意跟这个朋友复合，而是你不知道怎么处理这种状况，这时不妨主动去打破这个尴尬，你就能掌控这个局面。如果你珍惜这个朋友的话，这是一个很好的机会，如果你释出善意后，对方坚持不“埋单”，其实对你来说也没有什么损失，反而能因此看清这个朋友不值得深交了。如此一来，你也不会再像之前一样尴尬到不知所措，因为你已经知道答案了。不过，相信大多时候都会有好的回应，你一旦控制这局面并且往好的地方引导，你们回到之前可以互相关心的相处模式，那你也可以知道这个朋友是可以珍惜的。还有句话说“不打不相识”，重点也是一定要有人先释出善意，让尴尬的僵局被打破。可以说，不论是好的回应或是坏的回应，打破尴尬都是最好的决定。现在，想想有哪些人因为尴尬而不连络了，马上去释出你的善意，也许就会有意想不到的“好事”发生。

7 如何让他人喜欢你

以前我很喜欢钓鱼，有时候若是去比较远的地方钓鱼，就会在那边待上一整天，享受一下大自然，带着自己喜欢吃的美食，例如甜甜圈、汉堡、巧克力、披萨等，但有一次我竟然忘记带鱼饵。这个失误突然让我有个体悟，以我自己来说，我喜欢吃汉堡和巧克力，可是我不能拿汉堡和巧克力去钓鱼，因为水里的鱼只爱吃小虫，鱼饵必须是鱼所需要的，比如一条小虫或是一只蚱蜢。那么，我们为什么不用同样的道理，去“钓”一个人呢？

所以弄清楚下面两个问题对你的销售和人际关系很重要。

人际销售流程中你要销售的是什么？

人际买卖过程中对方要买的是什么？

答案是你自己！即使你的公司是一流的，产品也是一流的，服务更是一流的，但如果你自己是三流的，还讲着外行话，这样的你能成交吗？佛要金装，人要衣装，你必须把自己内外都提升到至少与成交对象门当户对。你要跟一群工地的朋友交流，就不能穿西装打领带去找他们。你要向上市公司的主管们做简报，就不能只穿一套休闲装。因地制宜是最好的选择，至于内在其实跟外在差不多，你跟什么人在一起就要谈怎么样的话，也就是先调整频率跟对方相近，之后再进行微调。如果你推销的产品或服务不符合顾客心中的想法，怎么办？那就改变顾客的观念！或者，配合顾客的观念！汉字是很有意思的，“买卖”这个词里面，“卖”字上面有一个“士”，古代的士大夫也是办教育的，所以“卖”之前一定要“教育”客户，先跟客户说明你的产品为什么值得这个价格、为什么值得买。

交朋友也是一样的，要跟朋友说明你的资源有哪些，为什么你们可以当好朋友，互相有哪些条件可以帮助彼此。

至于为什么客户会买？是因为我们给了他一个理由，一个梦想！客户还没有得到商品时，他会想象使用商品后的改变，客户会如何想象？那自然就看你怎么引导了。你给客户的想象，能让客户确认价值，然后提出价格，只要价值远大于价格，客户就会埋单了。

请问，一款高档奢侈品若是摆在菜市场的地摊上，你会买吗？该款奢侈品虽然在高档百货精品店贩售，但销售人员不尊重你，你会买吗？所以，营造好的氛围与感觉，为顾客找到理由，就绝对成交了！

交朋友也是一样，你为他找到一个跟你交朋友的理由，你就一定可以跟这个人当好朋友了。还有一点很重要，交朋友在于“确定的感觉”，也就是你把对方当作真心的朋友，对你而言，信心就是“确定的感觉”之表征！然后感染对方！然后交往！信心的再升华就是信仰！

8 跟进的重要

通常在我们和朋友、客户交换名片，有了初步的聊天互动之后，接下来最重要的工作就是“跟进”。

什么是跟进？字面上来看就是跟着他前进，也就是说进一步跟他产生互动。根据资料统计，初步认识、交换名片后，48小时内若是没有跟他联络，他大概就对你没什么印象了，所以跟进非常关键。我对于跟进的定义是，见面后在后续的时间中是有互动的。

很多人都会忽略跟进的重要性，在我多年的工作经验中，有一个小诀窍想和大家分享，那就是每次见面，先约好下次见面的时间，然后到约会前一两天再去确认，这样会比较少出现变化或取消预约等情况。主动提醒对方能表现出你对这次约会的重视，更重要的是，事情不跟进是不会有进展的。

做销售的朋友都知道，很少有第一次见面就成交的客户，90%以上的客户都是在你不断地跟进中对你产生了信任才会购买你的产品。人际交往也是一样的，很少有人第一次见面就与你变成无所不聊的好友，都是经过几次见面、接触、沟通，才慢慢了解对方，最终变成好友。如何有效地跟进人脉尤为重要，恰当的跟进方案和技巧是提高信任度的重要方法。跟进的技巧有哪些呢？

一旦跟某位朋友聊得来，一定要跟紧，但是不要让对方有被骚扰的感觉。这中间的分寸要拿捏好，可根据对方的兴趣来跟进：对方个性属于高效者就要跟上他的速度；对方有疑心病或属于慢郎中型，就不能太心急，而是要多通过LINE互动再找机会约见面。接下来你就可以开始对人脉进行分级：A级——人好相处、对我有立即性的帮助、聊得来、不需另外花时间经营，等等；B级——没有特别不好相处、他可能有我需要的资源、跟他相处有点累，等等；C级——人不好相处、做人浮夸、个性不好，等等；D级——不想见到的人。做好分类分级后，再利用电脑整理这些信息，就可以对你的人脉一目了然。

对你的人脉目前的现况和需求了解得越多，你后期与之建立信任感就越有利。比如对方的深层次需求，对方现在的经济情况，对方在公司是哪个职位，希望怎么发展，对方目前面临的问题有哪些，等等。

和对方成为朋友并让对方信任你，不仅有利于成交，也能为你扩大人脉圈做下极好的铺垫。总之，跟进要有计划，有效地跟进，因为你的每一次有效跟进都在为最终成交加分。

对于不同类型客户的跟进技巧

1.需求明显，意向高的客户

此类客户成交周期短，必须高度关注，要积极地电话跟进、沟通，取得客户的信任后，快速进行成交环节。

2.犹豫不决的客户

成交周期稍长一些，要做的就是沟通、联络感情，不要过多地推销产品，业务人员要使用不同的策略，切忌电话接通后立即向对方推销产品，而是要与对方沟通，再一次拉近和客户的距离，通过每一次的电话沟通，清楚客户的意向，设定好成交的时间，并在此期间做好跟进。

3.明确近期不会购买的客户

此类客户中也有成交的机会，重点在于业务人员能否给客户设计好的成交方案，让客户想买产品的时候能够第一时间想到你。对待此类客户需建立良好的关系，与客户随时保持联络。

4.明确拒绝的客户

此类客户一般态度比较强硬，业务人员做到关系不恶化就好。

5.已经报价过却没有回复的客户

此类客户可以利用LINE交流，也可以电话跟进报价后的效果，了解客户对产品的疑虑，一一进行解答，解除客户的疑虑，着重根据客户的疑虑来介绍产品的优点、和同行产品的不同之处并提供优惠方案，让客户觉得物有所值。切记一定要给客户更好的服务和更高的产品品质，才能打消客户的疑虑，促使成交。

客户跟进要注意频率与效率，作为业务员，跟进的时候不能让客户对你觉得厌烦。要与客户交朋友，要让他信任你。

9 善用科技产品

现代人生活早已离不开手机，甚至无时无刻不想玩手机。因为手机可以办到的事情实在太多了，举凡通信、照相、玩游戏、购物都可在手机上完成，而且现在通过手机可以交朋友。社群是手机上最常使用的功能，也是低头族最常用的软件，最常用的几个社群APP，如脸书、LINE、微信、微博等。

脸书

脸书的兴起，改变了人与人的沟通、分享和娱乐模式。那些近况、感情、工作、趣事，脸书上都能清楚地看到，过去传统社交中的距离感、期待感、神秘感都被脸书一扫而空，而目前的社交圈大概有一半以上都是靠脸书维系。

脸书最迷人之处就是点“赞”这个按钮，当你点“赞”时，就表示你看过、喜欢、感同身受、推荐对方这篇信息，虽然只需要花费一秒钟，而且不用花钱，却代表着一个正面的回应；相对的，对方有时也会礼尚往来，也帮你点个“赞”，于是两人之间的距离就更近了。所以，根据统计，全球每天平均新产生6500万个“赞”，每20分钟就有760万个粉丝专页被点“赞”。

我建议要经营人脉的朋友们，要做以下几件事情。

1.发文

首先，如果你有锁定的人脉群，你要针对你想经营的人脉群发表适当的文章，如正面的文章、好笑的笑话、聚餐打卡、健康的类文章分享等。

你必须两三天就发一篇文章，目的是常常出现在朋友的脸书页面上以增加曝光度，文章不一定是你自己写的，你可以分享你觉得不错的文章，目的只是让大家知道你还活着，刷刷存在感。有时候我们好友上千，点赞的人数或许不多，但是不代表没有人看，很多是潜水的朋友，有几次聚会我发现有些人很了解我现在在做什么，一问之下原来他们都有关注我的脸书，却没有点赞的习惯，所以不要以为只有点赞的那几个人在关注你。

2.点赞

我有时候不太能理解有些人对点赞数量很在意，说到点赞数，男生永远别想跟女生比，我们永远比不上。我曾经看过几次女生只发文一个“饿”就超过一千个赞，我们呕心沥血地发表一些自己认为有意义的文章或好笑的笑话，大概最多就是那个“饿”的点赞数字的十分之一吧！

点赞这动作其实有时挺重要的，它代表的是你看过我的分享，代表你重视我，所以你把我当朋友，我也要把你当朋友，所以点赞相当于是好友才会做的行为，但是我们有时候懒到按马桶的时间都嫌久，怎么办呢？还好现在有自动点赞的程序可以代劳，至于怎么做，请到网上搜索答案。

3.留言

点赞固然很重要，但是我每次看到那一篇文章底下超过50个人点赞，我心里就在想对方会知道有你吗？不知道有你的话那不是就做白工了，所以你可以更进一步在那篇文章下留言。通常留言的字数不用多，但是会有很大的好处，因为马上在他的手机上就会跳出你有回复的信息，他也可以在你的留言下互动，回复你的留言，这比点赞的曝光度高太多了。如果你觉得你不擅言语，或是跟对方不熟怕被攻击，那你可以不打文字，用贴图或是图片来表示你的关心，也比点赞更好，但是别在对方留言的空间打广告，或是推销自己，这行为是非常惹人厌的。还有别为了你的曝光度而去标注别人，就算对方是你的好友也一样，你可以事先询问对方加减可以，我所谓加减意思是要还是不要，因为别人基于人情有时候会勉为其难地同意，但是心里还是会不舒服。

4.涂鸦墙

个人档案上的“涂鸦墙”，就好比你家的前院，这前院是每个路人经过都看得到的，你可以让它空荡荡的，也可以精心布置，由你自行决定。如果一片空白，是不会有人注意到你，反之，若能精心布置，一定能令人印象深刻。请建立完整个人资料，具体包括：

（1）姓名：脸书规定用户要用本名，我建议用中文全名，而不要用英文名字，因为若用英文名字，别人比较搜寻不到你。

（2）大头贴：建议放看得出来是你个人的照片，以免当有人要搜寻你的名字时，出现好几个同名同姓的人，无法准确找到你。

（3）个人资料：包含关于你、学习经历、基本资料等。这样网友才会了解你。

5.粉丝专页

如今社群媒体已成为主流，很多人已经在经营自己的脸书粉丝专页来与粉丝更直接快速地对话与接触，要在脸书创建一个粉丝专页，入门很简单，真正有挑战的在于内容与经营，脸书优于官网的一个特性就是更新信息很及时。而官网俨然变成一个企业的名片，只能单向地把资讯呈现给对方。粉丝团则有互动性，可以通过消费者的留言去即时了解、回复客户需求。虽然我们不讳言地说，成立了粉丝专页后，一定会期待粉丝数的成长，但别忘了，粉丝数虽然很需要，但对于经营企业社群平台来说，真正要被看重的仍是内容，等你经营出好名声后，粉丝数自然就会增长。

6.懒人点赞软件

市面上还有“帮你点赞”的软件可以帮忙，有兴趣的朋友可以去下载使用。很多人都有一个习惯，就是只要有动态，不管怎么样点赞就对了，因此有人把脸书自动点赞软件写出来了，那自动点赞有什么好处？其实除了爽度之外，如果你想提升自己脸书的点赞数，用这款自动点赞软件，也能达到一些效益！我实验过用了这款软件后……很明显地感受到我脸书的赞也跟着变多了，可能大多数人的习惯就是，你帮我点赞，那我也要帮你点赞吧？！这款软件不只可以帮你自动点赞，还可以自动回复、自动回戳、自动祝生日快乐等，该软件还在持续开发中，说不定以后还有更多功能！

当我们LINE在一起

手机也能交朋友的沟通新模式，以趣味打破既定交友沟通形式，这是LINE成功的基础。现在通信软件几乎取代了电话，甚至也取代了面对面的谈话，以至于人际关系很多也是要靠LINE来维持，LINE如果运用得好的话，其实对于人际关系的维持是非常有帮助的。LINE的周边APP很多，有帮你自动加不认识新朋友的APP，也有自动帮你一一发文的APP，以前业务员要陌生拜访需要一一敲门或打电话，现在都可以交给APP处理。

LINE群组的功能真的是很神奇又好用，要经营人脉的朋友，可以将你要经营的朋友，建立一个群组后，邀请他进来团队群组（前面有提到团队一起经营人脉），然后群组的人一起帮你经营人脉。例如，团队里面的人会称赞你、肯定你、推荐你，或是有正面积极的文章等，并且可以举办活动，一定要有聚会，这样群组的人才会比较有向心力，也比较容易形成团队文化，一旦形成团队文化，团员就不易跳槽。

微信、微博

英雄选择战场，如果你的战场中国大陆市场，那你一定要使用微信、微博。尤其是微信。微信是中国大陆最重要的通信软件，是由中国的投资控股公司腾讯推出，腾讯也是世界最大的互联网公司之一，微信拥有超过10亿的注册用户，其中有5.49亿活跃用户，几乎所有用户都位于亚洲。作为对比，微信的活跃用户仅比 Facebook Messenger少1.5亿，是日本LINE的3倍，韩国Kakao的10倍。

微信并不是单纯的通信软件，不只是一个即时通信的应用，实际上，它还是一个入口，一个平台，这取决于你怎样去看它。在即时通信APP应用爆发的时代背景下，微信已经被人谈论得够多了，相关的文章也已经连篇累牍，但是在中国以外的地方，却鲜有人真正理解，微信是如何运作，又是如何把无数公司都视为非常遥远的理想——仅用一部手机便能掌控世界——变为现实的。微信的一些最重要的特色功能，比如接入当地生活服务，在中国以外的地方都是没有的，除了最基本的通信功能，中国国内的用户可以用微信叫出租车、叫外卖、给朋友转账、买电影票、玩小游戏、办理航班预约、追踪健康数据、医院挂号、查询银行账户、缴付水电费、收取优惠券、听歌识曲、查询图书馆藏书、认识附近的陌生人、追踪明星动态、阅读杂志文章，甚至是向慈善机构捐款，等等，所有这些功能全部都可以通过微信办到。

Google日历

Google日历是我很喜欢用的日历。以前习惯用笔记本来记录预定事项，后来有几次笔记本遗失，后面所有的行程都无从查起，耽误不少事。而Google日历就不怕你手机遗失，因为只要你重新下载后登录，之前所有的行程都在。Google日历是免费APP，也没有广告植入，用它来规划你的行程我觉得是首选，毕竟没有人喜欢被放鸽子，也不喜欢对方迟到，所以靠Google日历来提醒我们，是不是很棒？

还有许多的APP可以辅助你安排自己的生活，现在关于人脉经营的APP真的是太多了，你可以选择你用得习惯顺手的适合你的APP。但是，要记得APP只是帮忙提醒而已，真正跟客户面对面交谈所需的内容，还是得靠你打字打出来、说出来，未来机器人和人工智能很容易取代人类的工作，但有一种它却没办法取代，就是人和人相处的“温度”。温度什么呢？在我的理解中，“温度”给人的感觉是温暖、贴心的，不知不觉就影响着身边的人，有温度的人比较重视人的感受，比较好亲近，就像冬天人们会围在火堆边取暖一样，相处起来是舒服自在的，这些是机器、软件不能取代的，也是我们人的独特“卖点”。

第五章 善用人脉存折逆转胜

1 往更优质的人脉前进
2 贡献自己所长
3 精准的人脉
4 共用你的资源
5 打造人脉开发团队

1　往更优质的人脉前进

“40岁以后靠人脉”这句话，我们常常听到。道理说来简单，真正实行起来是要费一番功夫和时间的。Hands Up创办人洪大伦也在他的文章《一通电话的背后》里面说：“我之所以能用一通电话找到某些人，那都不是‘人脉很广’四个字这么轻描淡写就能带过，背后必须有更多的付出与行动。你们不知道这背后得有多少次的弯腰、握手、嘘寒问暖，更别提得有多少次的应酬、交陪、替对方摆平难事。在你们来看，我只要打一通电话就能解决，但事实上我有时候会选择不打电话，而尽可能是靠自己来完成某些事，这是因为要考量的层面有很多，不单单只是一通电话而已。”

付出才有收获是人人都知道的事，但做起来就是不简单。所以，每次有人问我经营人脉的问题，我都会请他换位思考，先想想自己能给人什么样的协助，而不是只想到自己可以获得什么好处，你下次再跟别人认识或和新朋友寒暄时，可以这样问：“你有什么需要我帮忙的？”“现在最需要的是什么？”只要你是真心诚意地想帮忙，对方是会感觉到的，即便你最后可能帮不上忙，对方听在耳里也会觉得很贴心。

我们选择人脉的时候，第一，要请你选择对的人，尤其当你还不够强大的时候，因为这时候几乎很多人都是不太理你的，你可以先从对你释放出善意，本身就愿意帮助别人、喜欢交朋友、乐观积极进取的人下手，例如，我（自拍马屁一下），或是你有对方想要的资源的人。

第二点很重要，你要去结交比你优秀的朋友。通常人们不敢找比自己优秀的人交往，比如，如果你是70分，你只敢找70分以下的人脉交往，于是你认识了一个65分的人，那65分的人背后，就只有65分以下的人脉群，可以成为你的人脉圈，所以你的人脉圈的品质会不断地往下掉。正确的做法应该是，找比自己优秀的人交往，但是不要找高于自己太多的人，你可以从75分开始，再来80→84→90→93→95→99→100，不需要一步到位。

不必担心没办法与比自己优秀的人交往，只要我们拿出真心，先付出、给予。不过，你要知道，真诚的关心虽然很重要，但是这种关心无法量化，也无法与对方建立关系，例如同学关系、师徒关系、生意伙伴关系，关系是你第一步往高分人脉前进的踏板，也是高分人际圈的栅栏，可以把你围在他的范围里，对于结交高分的人脉，请先进行如下的心态建设。

不对任何事设限

你永远不知道下一秒会发生什么事情，所以只要做好准备，其他的就大胆地去执行，偶而尝试结交高端人脉，挑战自己的胆量也不错，说不定对方正好赏识你这一型的。

凡事不设限，有时候出奇不意反而能达到意想不到的效果。我有个朋友，他和他老婆的结合就得益于当初我朋友在交友上不设限的心态。在一次餐会中，当时还不是他老婆的她是一位女强人，因为公司在台湾成立新的分支单位而办了一场酒会，特别邀请国内外的厂商和客户来参加。当时，这位女强人“林总经理”是整个项目的负责人，在酒会开场时上台致辞，我的朋友被台上的她吸引。当初他只是觉得林总经理好厉害，因为那个产业领域很少有女士可以驾驭，于是我朋友鼓起勇气主动上前自我介绍，并且表达敬佩之意，那场酒会后他们变成了好朋友，偶而传传信息关心对方，慢慢地爱情的幼苗就在彼此心中发芽，进而交往最后走向红毯的另一端。我在一次聚会中问他老婆说：“当初你们的身份差那么多，（一个是台湾区的总经理，一个只是一家代理商的业务员），你怎么会理睬他呢？”他老婆回答我说：“因为他是第一位主动上来要认识我的业务人员，我对他的勇气感到钦佩，所以我才会留私人的联络方式给他，之后他也很主动关心我工作上的压力，才使得我渐渐打开心房，接受了他。”

也就是说，如果当初我朋友觉得一家跨国企业的总经理是不可能理会他的，抱持这种心态而没有上去主动认识、介绍自己，就不会有现在幸福的家庭。所以当你准备好的时候，就不要设限，大胆地去执行你心中的想法吧！

自尊是成功的绊脚石

你是否常常觉得自己不够优秀，而不敢去认识比你能力强的人。人往往会因为一次成功的经验，而紧紧抓着这一次经验不肯放手，以至于遇到了不同的状况，还是坚持使用同样的方法去解决，下意识认为这样做最安全、最稳当，最可以保住自己的名声、地位和尊严，不至于砸了自己的招牌，甚至丢了饭碗、面子扫地。只愿意看自己想看到的，只愿意相信自己所相信的，丰富的工作经验和人生阅历反而会削弱我们与生俱来的“直觉”，“自尊”就变成了拒绝变通的固执。而让经验和自尊成了主动出击，认识高端人脉的绊脚石，让我们在拥有丰富经验的同时，却丧失了前进的勇气，这不是很可惜吗？

一个能够放下“自尊”去做事情的人，他看的是目标结果，然而过分强调自尊的人，在做事情的时候，总是希望有人陪自己做同样的工作，这样他才会觉得不那么难堪，对于那些还停留在一穷二白阶段，却又无比渴望成功的人而言，说穿了那被过度强调的“自尊”就是阻碍其前进的最大绊脚石。如果你想得到你想要的，就请先放下无用的自尊。

李嘉诚说过这么一段话：

“当你放下面子赚钱的时候，说明你已经懂事了。

“当你用钱赚回面子的时候，说明你已经成功了。

“当你用面子赚钱的时候，说明你已经是人物了。”

当你还停留在喝酒、吹牛，啥也不懂还装懂，只爱面子的时候，说明你这辈子就只能这样而已！

一个人越是百无一用的时候，越是会在意那无谓的自尊，处处都要表现出自己强大的自尊心。这种自我陶醉似的自尊，不过是一种建立在不安全感之上的自卑感，更多的时候，能力和自尊要求是成反比的，尊重是随着价值的提升而得到的。有个同事家的孩子，是典型的自尊心强烈型，坚持要当白领，宁可失业在家啃老，也不愿做那些薪资并不低的劳动工作，认为做那些出卖苦力的工作很没面子。家人好不容易托人帮他找了一份还算理想的工作，第二天就因为被同事嫌弃学历低，觉得人家看不起他，而冲动辞职，至今也没有一份正式的工作。

请认清楚人与人之间的巨大差距，这是很正常的。不要用我们之间是平等的这样的话来骗自己，也别去愤愤不平世界的不公，别指望别人用相同的态度来对待你，人和人之间的确有巨大差距，而且这种差距是有原因的，千万别指望所有人都会热心地对待你，还必须用你希望的方式。

承受是成功的前提，曾经有一段关于马云的影片在网上疯传，1996年，这个又矮又瘦的年轻人骑着自行车，挨家挨户地推销，大部分的人甚至连门都不开，镜头记录下他曾经所有的窘迫与无奈，也见证了他许下的誓言，他说：“再过几年，北京就不会这么对我，再过几年你们都会知道我是干什么的。”20年后他做到了，这才是一个人真正的自尊，该求人的时候，把姿态放低，别以为一切都是天经地义，一个人经得起多大诋毁，熬得住多少苦难，才能担得起多少赞美。

因为目标明确

因为知道自己要的是什么，必要时请逼一下自己。大部分人无法获得自己想要东西的原因，就是他们不知道为什么想要这些东西。你的目标确实又明确的话，宇宙就会帮助你得到你想的，你目标越明确，得到的贵人帮助越多，并且越能支撑你想要的信念。世界潜能大师安东尼·罗宾说：“要有足够的原因来支持你的信念，才能深植你的潜意识。”

2 贡献自己所长

老天在创造你的时候，一定会给你一样专长，如果没有，不是老天没给你，是你自己没发现。

朋友圈里面，每天都会发生大大小小的事情，你要是有心的话，就会发现很多朋友所烦心的事务，是在你能力范围以内并且有能力帮忙的，有时可能只是举手之劳。例如，在一次餐会上，有位新朋友说：“等一下我要回店里去，因为装潢的师傅要来找我签约，我的店打算重新装潢。”她还拿报价单给我们看，说现在的装潢很贵。我一看就发现事有蹊跷，因为我前阵子才帮朋友介绍了另一个装潢师傅，所以那时候对装潢的价格、施工都有一定的了解，于是我提点了那朋友一些应注意的事项，并且传给她网络上一些价格信息。她半信半疑地回去签约，结果她回去两三小时后就LINE我，要感谢我，请我吃饭，因为我提供的那些资料和该注意的事项，让她省下了5万元，她很开心地说一定要请我吃饭。隔两天我就跟她去吃夏慕尼，之后她也陆陆续续跟我讨论她开店的相关事宜，也因为这样我跟她的信赖感变得很深，当然她之后也成为我的保险客户，我只跟她谈三分钟保险她就买了。

有时候你的一个顺水人情、举手之劳，对对方而言很可能是很大的一个帮助，要是对方对你的帮忙不领人情也没关系，有时候只是时间还没到，你心里明白这是为自己播下善的种子，这种子长大的时候自然会庇荫到自己。

除了要贡献自己所长之外，还要向别人借他的优势，去麻烦别人的所长，通过“借”他人所长，让他跟你互动，请他帮你做他最擅长的事，因为每一个人都希望自己最擅长的事情被人看见，都希望自己的优势有舞台可以发挥。当你请他帮你的时候，就修正了他对你这个人的看法，你又请他帮你做他擅长的事情，等于给了他一个发挥的舞台，他的内心跟他的潜意识就开始对你萌生好感，开始对你释放善意。

我们麻烦别人办的事如果正是他擅长或是喜欢的事情，他可能产生三个想法：

第一，还好这是我擅长的，别人要花很多时间，对我来说却轻而易举。

第二，太好了！反正是我喜欢做的事情。

第三，终于有人看到我的优点了，我一定要好好帮他。

以上三点都基于让对方不至于认为这是个麻烦，麻烦了别人就跟别人有关系了，你也有借口要还人情，一来一往这个“情”就产生了，友情、爱情有的时候不是都这么来的吗?

3 精准的人脉

我们每个人都希望能认识很多的人脉，但是往往认识了一堆人脉却不知道怎么经营，不知道这些人脉对自己目前有什么帮助和好处，于是像无头苍蝇般到处参加聚会活动，最后弄得自己很累却一无所获。我们一开始就要知道我们需要什么样的人脉，“想到”永远比“做到”排在前面，你知道怎么做，明确自己想要取得什么人脉，你才会去接近这种人脉圈。所以可以将你未来的人脉分成短期和长期，当然这是我粗略的分法，你可以更细致地去分，重点只是让自己可以筛选人脉。只要你开始认真地经营人脉，去参加一些活动主动出击，你会发现你交换的名片会在短时间内堆得很高，你的LINE好友数会飙升，LINE群组会多很多（我已经有250个群），每天的LINE消息根本看不完，因此精准的人脉圈就很重要了。例如，你需要业绩时，短期的目标人脉就比较有帮助，远水救不了近火，但是远水也必须一步步建立，你可以用功能性分类、地区性分类、财富分类、行业别分类、美丑分类等，总之不要什么人脉你都去开发。

短暂性人脉，意思是说对你短期内有帮助，或是可以立即提升你的业绩，可以帮助你解决目前碰到的问题，或是生意上需要合作的伙伴。

长期性人脉，意思是说若长期与这些人交往，可以在他身上学到很多，对于你的人生的影响是正面的：他的事业刚刚起步，你很看好他，现在你却没有机会跟他合作，这个人有成功的特质，将来成功机会很大。因为很多成功者都很珍惜和看重那些在他尚未成功时所结交的朋友，因为他们认为那个时期结识的朋友，大部分都是真心的，功成名就后才结识的那些朋友多是想在他身上获取好处的，所以我们要积极结识这些绩优股，一旦他们飞黄腾达后，还是会把你当知心的朋友。

4　共用你的资源

这一内容我想分两个部分来谈，第一是你的闲置资源，第二部分是你的珍贵资源。

闲置和珍贵由你自己定义，不是由别人来定义。有些资源你或许觉得很普通，对你而言一点都不重要，但是在另一些人的眼中却是珍贵的。例如，有的人很有钱，他的闲置资源就是钱，但对另一个人来说，钱却是他的珍贵资源。

将资源分成闲置和珍贵最主要的用意是，为了对资源进行最有效率的运用。闲置资源对你来说不是不重要，而是你不常用到所以才称为闲置，例如你有一辆很拉风的跑车，平常很少开，跑车对你而言就是闲置资源，但是可能对单身的小王就是珍贵的资源，因为小王买不起跑车，但是他很需要跑车去追女生建立自己的信心。你很会唱歌，唱得跟那些歌手一样好，平常根本用不到，但是小张的婚礼需要一个婚礼歌手，这时候你的闲置资源“歌声”就是小王的珍贵资源了。

如今是个资源共享的时代。有一次朋友A在运动过后感觉胸口闷闷的不舒服，跟他一起运动的朋友B上前关心，胸口痛的朋友A却说：“没关系我常常这样，休息一下就好了。”朋友B仍然不放心，于是打了一通电话询问自己的哥哥，因为朋友B的哥哥是医生，也待过急诊室，听完B所描述的那些状况，B的哥哥立即强烈建议A马上到附近的医院做心脏方面的检查。于是B极力劝朋友A快去医院急诊检查。胸口痛的A原本觉得B太小题大作，但是碍于朋友关系，加上B很坚持，才半推半就地去附近的医院做检查。等他们人到了急诊室，B朋友的哥哥还特别打电话来关切，建议急诊室的护士该怎么处置，没想到检查出来的结果很惊人，是急性的心肌梗死前兆，必须马上动手术做支架，要是今天没有处理随时可能发生心肌梗死。朋友A当天就做了手术，事后他特别感谢朋友B的热心才救了他一命。

以上的例子中B的哥哥是医生，也是B的一个闲置资源，但这个闲置资源却救了A的性命。你必须先把自己有的资源清点一次，知道你有哪些资源是可以运用、支配的，把这些资源变成你的资料库，一旦临时有需要你就可以立即搜寻出来。

现在就立刻盘点你的闲置资源，并且每天不断地扩充你的资源。

5 打造人脉开发团队

建立人脉开发团队这件事情很重要。21世纪是打团体战的时代，在这个强者越强、弱者越弱的时代下，唯有建立团队，发展平台，集众人之才能，才是最快又有效的取胜之道。

建立“人脉开发团队”可以让你快速发展你的人脉或事业，多一个团队加入，就是多一个人的人脉和开发者，有人会说：“我又不是要做直销，建立团队干吗？”希望大家先树立这样一个观念，就是“成功一定是靠他人促成的”，你一定要有“加盟店”的概念，找一位伙伴一起合作，等于多一个“你”在开发人脉，他开发到的优质人脉，起初由他经营，等他耕耘出一定的信赖感时，就可以介绍给你认识。其实建立团队不一定是要做直销、保险相关的事业，你可以建立一个人脉互助的团队，目标可以是寻找优质的朋友加入，平时办办聚会、读书会、旅游或是一起上课进修，因为凭一个人的力量建立人脉圈很难，如果是一群朋友建立人脉圈就很快了，尤其现在通信软件发达，用LINE建立群组立即就能开始互动。一个人可以走得很快，一群人会走得更远！你能整合别人，说明你有能力；你被别人整合，说明你有价值。

我很喜欢网络上流传的一个讲团队的小道理：在唐三藏取经的故事中，孙悟空是在取经的路上碰到的，猪八戒是在取经的路上碰到的，沙和尚是在取经路上碰到的，白龙马也是在取经路上碰到的，所以要碰到可以与你一路同行的人，你必须先上路！不是有了同行者才上路，是因为你在路上才会有同行者！

很多人把这个道理想反了，在故事当中，我觉得最重要的是——为梦想而坚定前行的时候，帮手才会出现，为梦想而坚定前行的时候，贵人才会出现！决定上路的时候总是一个人，但是，只要坚持走下去，走着走着就出现了团队！

如何才打造强大的团队

打造你的人脉开发团队很重要，打造团队就要做到：指导团队伙伴做事的方法和技巧，激励伙伴成功的欲望，让伙伴看到人脉为他带来的好处，和没有人脉帮忙处处都要自己忙的痛苦，并创造团队成长、学习、发展的机会。其中最重要的就是做榜样，榜样的力量是无穷的，因为你是团队的灵魂人物，扮演着影响全体员工的绩效和团队士气的关键，领导者更是团队的楷模，只要领导者工作态度非常认真，伙伴也会勤勤恳恳。好的团队不是比人数的多寡，而是有没有同心协力的向心力，有没有团结一致，有没有共同目标。发挥团队最大的力量，成为一个优秀团队必须具备以下四个要素：

1.彼此的信任

团队之间最怕的是猜忌和不信任，并且领导者要切记不要去做安排其中一个伙伴去监视其他的伙伴的事情，一旦被伙伴知道了，会大大降低他们对领导者的信任度，也不要只是一言堂，要多去聆听伙伴心里的话，并给他们适当的发泄窗口，这样团队才会更具凝聚力。

2.良好的沟通

领导者要有良好的沟通能力，并且不说大话，因为如果老是在画大饼，看得到吃不到，伙伴久了也是会腻的，会对你失去信心。团队中的成员一定是来自各种不同领域的，所以包容和沟通就很重要了，领导者要了解每位伙伴的需求，并满足他。当然，不是所有伙伴都是领导者在负责，可以分阶层让每一个人去学习沟通和关心，才能了解成员们之间的想法，不是领导者一厢情愿地以为自己很强，就用自己的方式带团队，自己主观认为伙伴不合己意就踢出团队，最后变成一言堂团队。团队是多元包容的，要知道新客户难寻，留住老客户往往花的成本是比较低的，不在意伙伴离开的领导者就不适合当领导，因为你要的只是一群附和你的人而已。你要塑造让团队伙伴共同干大事的感觉，要注意，大事并不是大话，这是最重要的领导特质，这样大家就愿意追随你、跟着你一起打拼，资源和财富就随之而来。

3.换位思考

换位思考也就是站在他人立场去思考，自己不想做或做不到的活，别丢给伙伴去做，应该是提出来大家讨论、集思广益，由领导者身先士卒地试着去做，并且站在伙伴的位置去思考，想想伙伴要的是什么，把伙伴的利益和需求放在心上，并确实照顾到。

4.执行力

行动才能改变命运，懂得再多不去做也是枉然。一个团队的成功出色，都要靠执行力来做保证，并且一步一脚印地去执行，慢就是快，快就是慢。领导者在制定目标的时候，虽然目标很大，但是不能急着一次就执行到位，要懂得切割，懂得检讨修正，先让伙伴达到小目标，享受一下达到目标的喜悦和自信，一步步地前进，培养积极的行动力。

网络上唐僧取经故事的后续是——

唐僧师徒四人，经过了九九八十一难，终于取到了真经，回到大唐以后，唐太宗给师徒四人接风摆设酒宴，问唐僧："你今日的成功靠的是什么？"

唐僧回答："我靠的是信念，只要我不死我就能取得真经！"

然后问孙悟空："你靠的什么？"

孙悟空说："我靠的是能力和人脉！我没办法的时候我会借力。"

然后问八戒："你动不动就摔耙子，还好色，你怎么能成功？"

猪八戒说："我选对团队了，一路有人帮，有人教，有人带，想不成功都难！"

最后又问沙和尚："你这么老实怎么也能成功？"

沙和尚说："很简单啊，因为我听话，照做！"

其实，"成功从来就不是一件难事，关键是要找到团队合作，各发挥其功能"！

创业团队人数多寡并不重要，但如果从功能性去看，一定要有四种功能的人，如果你自己有这四项本领，那你自己一个人也没有问题，当然如果有其他人愿意与你分摊部分工作或将某些功能外包，就能让你更专注在某个领域，你也不会那么累。这四个功能就是：领导、企划、行政、业务。

打造团队要具备的四种人才

1.领导

团队领导人决定团队一半以上的生死！

领导，一言以蔽之，团队讨论事情总得有个头儿，好让纷乱的想法可以真正被决定出来，有些创业团队都是好朋友一起创业，有时候讨论事情大家都不想得罪人，或者东扯一句西讲一句，或者成员之间一言不合、意见分歧，这时总得有人出来当那个最终决策者的角色，最佳的团队领导人，最重要的是能提出事业愿景，说服大家凝聚在一起往共同目标迈进。

在团队有纷争的时候领导人要出来调停解决纠纷，要让大家心服口服，因为团队的凝聚力很重要，同时他还要引导方向，遭遇挫折时他更要挺住负面情绪鼓励大家继续前行。

2.企划

就是出点子的人！

军师、参谋型的角色，同时也带有对外发言人或公关的性质，任务是平时累积收集信息，在大家讨论各种看法的时候，能有条理地分析现况，包括优劣势、敌我状态、市场现况、未来展望等，最后归纳出可执行的细节，让领导人做决策，让团队成员去执行。团队领导人与企划人通常会是互补的角色，领导者比较侧重在对于“人”的管理上，也就是团队的向心力、凝聚力、士气等。

企划则是比较侧重在“事”的策划，而且是从宏观的整体策略，到细节的战术需要如何执行，这都是企划人需要贡献心力的地方。

3.行政

其功能是确保团队一般性事务能运作顺畅。

例如记账、出纳，现金流管理，让财务信息可以如实呈现出经营状况，好作为大家开会时讨论的凭据。他的任务不复杂，但不复杂不代表不重要，正因为有他，大家才能无后顾之忧地去前线冲，要钱有钱，要人有人，这场仗才能继续打下去。

负责行政工作的团队成员，个性上必须是谨慎、小心、细心的人，所以通常会由女性负责，展现她们高度的细腻长才，什么时间点该做什么事、谁要来访、时间到了该去参加什么活动、钱够不够用、账能不能报、税的问题该怎么处理等工作，这都是负责行政的成员必须处理好的事。

4.业务员

最后一种人就是业务员，狭义来说，就是把产品、服务卖出去，把钱收回来，并妥善维护好顾客关系。

但广义而言，业务员推销的不仅是产品或服务，更是公司本身，团队本身，也是自己本身。外面的人不了解本组织团队，通常就会从业务员的言行、谈吐水准认识起，从这角度去看，从事业务工作，舌灿莲花是夸张了点，但确实需要懂得应对进退，洞悉人性，能在最快时间内摸清顾客的好恶在哪里，什么话该说、什么不该说，什么议题可以谈、什么不能谈，一切都是以成交为导向，同时兼顾手腕与心理技巧，就是相当出色的业务，而业务最要注重的就是客户的“终生价值”。

历史上，很多创业团队一开始都是四五人甚至更少，但人数本身不是重点，而是主要的功能有没有人在做。例如，三国时期的刘关张团队一开始只有三个人，但领导者知道团队还缺乏企划人才而设法补强，后来才做得有声有色啊！所以：

刘邦是领导人，张良是企划，萧何是行政，韩信是业务。

刘备是领导人，诸葛亮是企划兼行政，张飞与关羽是业务。

曹操是领导人，荀彧是企划兼行政，张辽、徐晃、典韦、夏侯渊等人是业务。

所以说，如果你在初期不知道该找多少人成为你的伙伴，“四”这个数字是很值得参考的，但还是要记得重点不在于数量，而是功能，只要能各司其职，发挥最大效用，相信在合作愉快的基础上，必将有所成。

我的团队“X-Power零极限”团员简单介绍

- 黄一展：IBM经理、采舍涉外部部长、台湾大陆人脉平台
- 刘仪雯：幼儿专家、零极限国际首席顾问、脑力开发专家
- 简稑耘：命理专家、零极限国际教育讲师
- 杨晋宜：投资理财专家
- 张桂颖：心灵教育讲师
- 何品叡：房产专家
- 萧诗芩：医疗体系

· 简宇程：化工背景

· 李亚珊：咖啡业背景

· 张辰珈：幼儿教育业

人脉的用途练习

第一步

在前文我们写下了要拥有“人际关系上的巨大成就”的理由，现在假设你得到了人际关系上的巨大成就，你会怎么运用这些人脉？

美国成功学之父吉米·罗恩说：“当‘动机’越强，‘怎么做’就会越容易。”

请写下在自己在人脉变得非常多之后会想做的事情：

1. 详细地列出5~10个人脉变多之后你会想要做的事情？

2. 并将事情的重要性来打分数1~10分（1＝最低 10＝最高）。

❶________________________________ 分数：（　）

❷________________________________ 分数：（　）

❸________________________________ 分数：（　）

❹________________________________ 分数：（　）

❺________________________________ 分数：（　）

❻________________________________ 分数：（　）

❼________________________________ 分数：（　）

❽________________________________ 分数：（　）

❾________________________________ 分数：（　）

❿________________________________ 分数：（　）

第二步

在新的白纸上重新写下自己在人脉扩展之后想做的事情，只要写出2至3个，分数达9.5至10分的事情即可。

写好之后请你跟你的朋友或是伙伴分享，并在描述过程中要“描述仔细并充满热情”，尽情地描述，仔细到那个画面栩栩如生，你的动机就会变得足够强烈，并且可以预先将未来会发生的情况演练出来。例如：

深度的描述

我拥有一个世界演讲大师的人脉，我会跟随他去世界各地演讲，并受到热烈欢迎，他的所有粉丝也会变成我的粉丝，我们会被热情地包围，要求拍照、合影、签名，演讲的会场总是爆满，门票是场场秒杀，还有很多人进不来，现场所有听众听得如痴如醉，每个人都学到很多新观念，现场的互动非常热烈，甚至有学员激动到冲上台表达意见，每一个人的情绪到达巅峰。

广度的描述

我拥有一个世界演讲大师的人脉，我会跟随他去世界各地演讲，并受到热烈欢迎，他的所有粉丝也会变成我的粉丝，我会在他身上学习到世界上最棒的技巧，所有他身边的成功人士都会成为我们共同的好朋友，我们会上世界各大演讲舞台，会让世界所有人知道最棒的知识，会帮助所有想成功的人，让那些想成功的人一起跟我创造未来，金钱会大量地自动向我奔来，使我可以去帮助没有能力学习的人。

我要你描述的是“深度”不是“广度”，以上都是针对我得到了世界大师的人脉后，跟他一起去演讲的现场画面。现在试着自己想想看，尽情想象你要的，描述得足够细致之后，再开始下一个场景。

1.______________________________

____

____

2.____

____

____

3.____

____

____

____

第六章 练功再进化成为业务赢家

1 选择对的人

2 借力使力，让更多人帮你赚钱

3 让人快速信赖你的三种方法

4 对他好一定要让他知道

5 公众演说助你登上事业巅峰

6 要有说故事的能力

7 业务上的人脉经营病

8 自我介绍的能力

9 六字魔力法“也就是说对你……”

10 做个有幽默感的人

11 用倾听赢得信赖

1 选择对的人

逛夜市的时候大家应该都有看过那种现场叫卖的拍卖摊位——老板背后有一堆玩具、日常生活用品等货品，一样样拿出来在摊位前面大声叫卖："这东西要一千吗？不用！要五百吗？不用！要一百吗？不用！现在只要五十元！"这样的画面应该很熟悉吧！下次去逛夜市的时候可以稍微留意，注意那个卖力拍卖的人，他会找现场愿意跟他互动并且有意愿要购买的人，并跟这些人进行互动。他绝对不会找那种双手交叉在胸前、面无表情的观众来跟他互动。同样的，我们去看魔术表演时，魔术师也只跟台下那些愿意与他互动的观众互动，为什么呢？

因为他们都在选择对的人。你想想看，那个拍卖小哥，如果找一个双手抱胸面无表情的观众互动的话，不是自寻死路吗？拍卖小哥会卖得很吃力。相同的，演讲会场、表演会场，台上的人如果将重心放在那些没反应的人身上，不但自己会觉得表演得很烂，丧失信心，那些现场愿意配合互动的观众也会觉得不被重视。

选择对的人这点很重要。我们结交人脉尤其如此，不要去在意那些老是跟你唱反调的人，也别试图去讨好他们，要多多和那些对我们好的人，常常鼓励我们的人互动，把重心放在爱我们的人上面。

请选择与对的人来往，别把时间浪费在错的人、事、物上。聪明的人懂得从自己所犯的错误中学习，而有智慧的人则能从别人的错误中学习，不用自己承担那些痛苦，有些事早些明白，可以让自己省下犯这些错误的代价。罗伯·麦克·傅立德曾说："时间是无法再生的资源，那信息想要传达的意思再清楚不过了，你应该把时间投资在对你最重要的人事物上。"许多人犯的最大错误就是投入太多自己的时间与生命在不对的事情上，浪费了时间、青春与自己的大好人生，最后懊悔不已。但是过去就让它过去，从此刻起调整你的方法寻找正确的人，以下有五种方法供你参考：

相信你的直觉

人的直觉是很准的，职场上，当你的直觉告诉你眼前的事物不妥时，就应该立刻停止。直觉是防止你犯错最好的警铃，它往往能先你一步察觉异样，当你的直觉告诉你该怎么做时，不妨先停下脚步，仔细想清楚后再前进。如果遇到让你不舒服的磁场，这个相处的模式或是人一定有问题，人脉不是短期的投资，请先停下脚步看清楚再前进。

不要太在乎其他人的看法

当你过度在乎别人的看法，就会看轻你内心真正重要的东西。有时候说者无心，我们作为听者却把对方的话曲解了，把焦点转移到别人的意见上，而不是自己内心真正的想法。每个人都有不一样的看法，别在乎其他人怎么想，只要是自己认为对的事，就坚持走下去。当别人跟你说你做不到的时候，其实是他们心里觉得自己做不到，所以认为你也做不到，但那是他们，不是你，按部就班一步一步来，凡走过必有成绩。

懂得拒绝

有时候，学会拒绝，才能避免将时间浪费在那些不重要的小事上。职场上，不要当个OK先生/小姐，对别人的要求照单全收，而是应该将多一点的时间留给自己和重要的家人朋友，当我们成为一个凡事不懂得拒绝的人时，我们也错失了把生活重心放在自己身上的机会。

因为你懂得拒绝，对方才会觉得你的时间是宝贵的，才会珍惜你的帮忙，不然帮忙久了，你的协助会变得很廉价，万一有一天你拒绝了别人，对方还会觉得你在摆架子。网络上有两个小故事正呼应我的观点。

故事一：一名年轻人从农村到城市讨生活，上班的路上都会经过一座人行天桥，天桥下有一位固定在那边乞讨的乞丐，每次年轻人上班经过时都会给乞丐20元，一年过去了，因为经济不景气年轻人被减薪了，于是年轻人上班经过乞丐时心里想，现在自己都不好过了就给乞丐少些，等之后有加薪再多给，于是给乞丐的钱从原本的20元变成了10元。放下10元后年轻人转身准备离开，这名乞丐却叫住了年轻人，不满地质问他为什么只有10元而不是20元。这就是太频繁的付出，让你的付出变得廉价、变得“理所当然”。

故事二：小明不喜欢吃蛋，所以学校的营养午餐里只要有蛋，小明就会把蛋夹给小林，久而久之小林就习以为常了，还常常主动去夹小明午餐里的蛋。有一天吃午餐时，小林有事晚到，于是小明就将蛋夹给隔壁的小华。小林到的时候得知小明将蛋给了小华吃，非常不高兴，并质问小明为什么没有经过他同意，把他的蛋给了小华吃。这也是一样的道理。明明是小明午餐中的蛋，理当是小明高兴给谁就给谁，但是因为给小林给得习惯了，小林就认为那颗蛋是他的了。有时候，懂得分配你的资源也是很重要的，不能太廉价地去分配你的任何资源，包括闲置资源，总之别再当好好先生/小姐了。

别浪费时间在不对的人身上

知心好友几个胜过无数个酒肉朋友，同时，选择一个真心对你、懂你的另一半也重要得多，要选一个最适合你的，而不是别人口中认为最好的。职场上也是如此，把时间花在对的人身上，跟对的人共事；跟太多错的人合作、相处，反而是给自己添麻烦。

接受结果可能会让你失望的事实

生命中无论什么事，即使你已经尽心尽力，但结果可能仍然不是你想要的，人生本来就充满着各种可能性，你讨厌的、不喜欢的事随时有可能发生，当你不愿看到的结果发生了，你应该学会快速接受它，然后收拾心情继续往前走。

有学生问我，“有钱没意愿”和“没钱有意愿”这两种客户要选择哪一种呢？基本上我建议选择“有钱没意愿”的客户，因为没钱就没办法成交。对于“有钱没意愿”的客户，可以通过努力提升他的意愿，最终是有机会成交的；对于“没钱有意愿”的客户，只要保持联系，当他有钱时，他还是有可能成为你的客户。

2 借力使力，让更多人帮你赚钱

何必自己辛辛苦苦建立鱼池呢？你可以借用别人现有的鱼池。

每个人都有自己的人脉圈，要建立人脉圈必须花费一定的时间，你必须先从个人开始认识，交往后产生信赖感，这时候你就增加一个人脉，整个过程快的话或许一个月。如果你要建立一个鱼池的话，你必须一条一条鱼慢慢地放进你的鱼池。养这些鱼你必须买饲料定时喂养，还要找医生来医治生病的鱼，找营养品来让你的鱼变得健康强壮，还要换水、打氧气等，你真的要自己辛辛苦苦打造鱼池吗？

借力，是最省力的方式，我们要借的是使用权，而不是所有权，所以只要跟鱼池老板讲好，我们是借他的鱼池，而且是选他空闲的时间借，或是借鱼池后给租金。

也就是说，人脉的运作不必全部自己来，可以通过朋友的人脉圈来发展自己的人脉圈。例如，有一次我帮一家卖医疗仪器的公司推销仪器，想要医生圈的人脉，我就去找有这类人脉圈的朋友帮忙引荐。一开始找了一位卖医疗仪器的业务，他有几个不错的医生朋友，于是我安排了餐会让大家聚聚，还邀请了几位漂亮又善于交际的女性朋友陪同我去，调动饭桌上的气氛，加上卖出的仪器他们有抽成，所以那一次餐会我认识了很多的人脉，我的LINE群组由此多了三个医生群的群组。之后我通过那三个群里面的医生帮忙介绍鱼池，医生群又多了十五个，目前还在继续增加。

我们借用他人资源时，有一件事情一定要注意，就是你要主动提出让利方案或是给出相应的报酬。报酬可以是现金、资源、任何的好处，甚至简单到请他吃一顿饭，总之你一定要表现出感谢之意，就算再熟的朋友也是一样。记得“缘故陌生化，陌生缘故化”，没有人应该免费帮你，当你主动提出好处时，最大的用意是避免尴尬，有的人他会不好意思要求你付出些什么来换取我给你的资源，但这些小小的抱怨会随着时间累积而不断被放大，加上如果其他人有给好处，而你没给好处的话，这种抱怨就会被进一步放大。当你下次再要求借力时，能借的力就小很多，甚至是借不到任何的力，被对方拒绝。就算对方是有钱人，你也不要觉得给些小利对方不需要，所谓礼多人不怪，只要我们做到位，有借有还，别人有闲置的资源才会愿意借给你，因为他知道他不会白借，你会有所回报。

3　让人快速信赖你的三种方法

你有没有发现，你的生活中有一种人，他们有很强的吸引力，不管到哪里都很受欢迎，为什么会这样呢？那些很受欢迎的人都有很强的亲和力，跟他们相处会让人觉得舒服，大家都觉得他们可以信赖，对他们所说的话深信不疑。

人们用34秒看着你的脸，就会快速判断出你是否是个“值得信赖”的人。简单来说，人们会把带着笑脸的人归为值得信赖的人，愤怒的脸则不值得信赖。孟子说：“观其眸子，人焉廋哉。”当你想要对方信任你时，眼神不应该闪烁，如果你有信心，就会以坚定的眼神，传达出要别人相信你的信息。此外，因为现代生活中很少人愿意听别人讲话，大家都只顾着发表自己的意见。所以假设你一开始就能把“听”做得很好，你与对方的信赖感就开始建立了。

你希望受人信赖吗？为了取得他人的信任，该如何做比较好呢？以下的方法将帮助你在与他人的沟通与互动中快速建立起信赖感。

一般级别的示好法

特点：示好送礼，待他如女友。

优点：这个方法好学，任何时间都可以用，不须太多的技巧，效果普遍还不错，时间短就有效果，容易复制。

缺点：容易被看出用意，会让别人认为你是在巴结，竞争对手多，需要额外的开销，对方胃口容易被养大，容易沦为理所当然，导致地位不平等。

效果：效果平平，但是容易打动人心，入门的朋友可以先从这个方法开始。

做法：大部分都是送礼、主动示好，把对方当作你要追求的女友，主动出击、不等待，见缝插针有机会。勤快为制胜点，但是要记住，示好不要太心急，当开启对客户示好机制的时候，客户会自动开启反制机制，心里头其实明白你要干吗，只是看看你的表现跟其他人有哪里不同，这时容易沦为“佣人”或是“提款机”。不过，你不必过分担心你太主动会让对方感到反感，若是你不主动，那别人也会主动，若是你刚开始的主动示好被拒绝了，那也实属合理，千万不要因此而沮丧，不试探几次，你怎么知道客户到底怎么想的呢？

首先要先让对方对你产生信赖感，所以你要营造下列的感觉：

第一，一定要让客户感觉你是个非常有上进心的业务员。

勤快非常重要，要常常找借口去见你的客户，并有任何进度就跟对方报告，有机会要懂得推销自己，准备一分钟、五分钟的自我介绍，内容要包括你在这一份工作上要达到的成就，还有在人生上要为社会做出什么贡献。当然要注意的事情很多，基本上外在穿着起码必须是衬衫西装裤加领带，记住孔雀理论，一定要让客户知道你很重视这次的会面，并且你对未来信心满满，是一个很有企图心的人，你已经制定了长远的目标，并在积极努力地一步步实现。

第二，展现出你的自信心、责任心。

要让自己看起来成熟些，让客户感受到安全感，给客户做出部分的承诺，而且一定要是做得到的承诺，并充分表现出你的自信心和责任感。

第三，在正经和轻松之间找一个适当的度。

客户都喜欢带来欢乐的业务员，平常上班已经很无趣，若你总是带来欢乐的话，他们都会很期待你的来访。开玩笑的时候放开地开玩笑，该一本正经的时候就严肃些，太过呆板或者太过嬉皮笑脸的业务员都不讨人喜欢。

第四，展现你成熟的一面。

成熟稳重的业务员比较能获得客户的喜欢，让客户感觉到你遇事从容不迫，更给人安全感和信赖感。

中级的模仿法

特点：物以类聚，人以群分。

优点：不易被察觉，效果好，随时可以用，没有地点时间的限制。

缺点：需要一点时间才会有效果，需要较多的技巧，有可能弄巧成拙，费用有时候会很多，需要观察时间。

效果：需要点时间来发酵，成为好友的机会高，莫名拉近信赖感。

做法：每一个人最喜欢的人就是自己，中级的模仿法就是模仿你的客户。模仿有很多方面，声音、语调、肢体语言、生活习惯、品味、想法、兴趣、习惯等，比如你喜欢某个人，你就会不自觉地模仿他的言行举止，进而你们俩会越来越像。也就是说，你要让别人喜欢，你要先做像他的人。我们要想成为别人心中足以信赖的人，就要去模仿那个人。那么，要如何去模仿呢？可以先从以下这五个方面着手：

第一，声调语速。

如果对方是属于高音系列，你就把自己说话的音调尽量调高；对方低你就低。声音的速度也是一样，对方讲话的速度很快，你的音速就要加快了，最起码要和他维持在同一个频率才容易沟通。

第二，肢体语言。

肢体语言是比较容易模仿的，例如你在跟对方谈事情的时候，对方习惯托腮帮子。你也学他托你的腮帮子，对方习惯翘右脚，你也模仿他翘右脚。要注意的是，不要同步模仿，也就是说对方翘右脚的时候，你等30秒或1分钟后再翘右脚，因为同步模仿容易被看穿。此招务必要做到无声无息，让他觉得像在照镜子般，从而莫名地喜欢你。

第三，想法。

这一点需要去练习，怎么练习呢？与他聊天时，你可以问他一些问题，然后自己在心里猜测他的答案，如果他的答案都跟你心中想的差不多的话，你就算成功了。如果不一样的话，可以询问对方为什么是这个答案，然后再去想下一题，如果我是他的话会怎么想呢？不管你最后有没有成功复制他的想法，过程中你已经模仿了，你与客户的磁场也会因为练习而拉近，所以不用太在意结果是不是跟对方一样，重点是过程。

第四，兴趣。

这一点有时候需要克服，比如我本身兴趣比较广泛，所以几乎所有的兴趣我都可以参与。但是如果有人本身怕水，就没办法跟对方相约去海边玩水；有人身体不适合爬山，就没办法跟对方去爬山。所以不一定对方所有的兴趣你都要配合，你可以找你喜欢的，例如你喜欢桌游，而且是桌游高手，这时候你就可以找对方一起玩。注意，在游戏的过程中，你要记住，你的目的是取得对方的信赖感，而不是在游戏中获胜。也就是说，假设你在跟他打羽毛球，就算你羽毛球再厉害，曾经是校队、是国手，也不要表现出来。有的人会把一些运动竞赛看得很重，一直拼命地赢球，第一，他会觉得你不会做人，对你反感，你的目的没达到反而搞砸了；第二，就算他没生气也没有放在心上，但是下次他不会再找你，不是因为怕你赢他，而是这种竞赛的运动，要比分相近才有意思，双方实力难分伯仲才有趣，实力悬殊玩起来一点都不尽兴。同理，若你要放水给对方，也不能做得太明显，分数尽量相近，小输就好，有时候也可以小赢对方，比赛三次可以让对方赢两次，这样对方才会喜欢跟你一起进行这项运动。记住你的目的是什么，是建立信赖感不是赢得竞赛。

第五，日用品。

简单来说就是用对方所用。对方用什么牌子的笔你就用什么牌子的笔，穿什么牌子的衣服你就穿什么牌子的衣服，穿什么颜色的裤子你就穿什么颜色的裤子，平常喝哪一家的咖啡你就喝那一家的咖啡，喜欢喝红茶你就开始喝红茶，喜欢看恐怖片你就跟着看恐怖片。

你会问又不是跟屁虫，学那么多干吗？因为你学得越多，你跟他除了可以拉近距离之外，也会有很多共通点可以当作聊天话题，能聊得更起劲。例如，如果你跟对方用一样的手机，你们就有共同的话题，可以一起讨论哪一个设计很棒、什么样的情况下容易当机、超耗电时候可以一起骂厂商，甚至有时候他的某个配件弄丢了，而你正好不太会用到的话，还可以让给他用。这仅仅是使用同一种产品而已，就能衍生出来那么多的话题，如果使用很多共同的产品，你们会有非常多的话题可以聊。

以上的模仿行为当然是在对方面前时才需要做的，平常你还是可以做自己喜欢的事。有的人会说，有必要搞成这样吗？那就看你多想要对方的生意，成功的人愿意做别人不想做的事、不愿意做的事和别人做不到的事情。人本来就有很多的性格，不妨把这些当作工作一环，必要的时候请戴上面具。戴上面具不代表你虚伪，而是因为你重视这份工作，重视你的客户，也重视你的人生。没有人喜欢不做自己，但是请在你成功前放下这一切，戴上面具开始学习一切，在模仿学习过程中也能学习到很多的经验。凡事都有两面，请多看可以为你带来好处的那一面，积极思考，马上行动，行动才能改变命运。

高级的索取法

特点：借他所长，索取他所珍有的。

优点：目前比较少人用，是“要”而不是送，地位平等，可以建立长久情感。

缺点：“要”不成很尴尬，所以要有胆量、要比较长时间地观察得到信息，花的时间最久。

效果：最好、极佳。双方变成死党的机会最高，要求习惯之后可以要求订单。

做法：分为两部分，“借”与“要”，属于同一种方式，都是开口跟打算建立信赖感的一方“要求帮忙”或是“给予”。

当一个人来到新环境的时候，都会希望赶快交到很多的朋友，希望变成一个人见人爱的人，最好能快速取得他人的信赖感。在新环境中，我们害怕被排挤、被孤立，所以每个人都会有很多方式来建立人际关系。有些人来到新环境时，就和身边的人不管是同事、同学或者是新的伙伴，主动问话搭话，问人家你平常吃什么啊，你的兴趣是什么啊，中午要做什么啊，晚餐要吃什么啊，但这往往会让人觉得他好烦或是很唠叨。

还有第二种人，他来到新的环境就一心只想做好自己的事，默默地不太理人，也不太跟别人搭话或讲话，久而久之他就跟大家渐行渐远，大家会觉得这个人傲慢且陌生，觉得他根本没有想要融入集体。

以上这两种状况其实都不是正确的人际相处模式。来到一个新环境，如果想要融入环境，想要快速结交新朋友，有一个很简单的方法——富兰克林法则。这个法则是来自富兰克林先生，他是美国的记者、作家、慈善家，更是杰出的外交家。富兰克林在美国革命成功后，参与许多了政治事务，也因此有一个敌对的政客，每一次他说什么，这个政敌就会批评他、反对他，跟他闹得不愉快，这时候富兰克林采用了一个非常聪明的方式，把对方从反对他的立场，转变为支持他，甚至把这个政敌变成他一辈子的好朋友，是什么方式呢?

就是“借”与“要”。有一天，富兰克林朝那位政客打招呼说：“我听说你家有一本很珍贵的书，可不可以借我看一下，我想要阅读那本珍贵的书。”这个政敌很不情愿地答应了富兰克林，把书借给了他。富兰克林看完这本书后就如期归还，然后对他说：“我真的觉得你这本书好棒啊，你这个人真有品位，学识广博，我要多跟你学习。”于是继续向他借第二本书，第二本书看完后，一样跟那政敌分享心得并赞扬他，就这样持续地一直借书，并且与他持续保持互动，两人最终变成了好朋友。

富兰克林用一个很简单的方法，扭转了政敌对他的感觉。我们一般都会觉得，我们想要让某个人喜欢我，最好的方式就是给他东西，送他礼物，对他很好。而富兰克林却反其道而行，他没有送这个政敌任何东西，也没有刻意讨好他，而是反过来跟他借东西，从他那边拿东西，结果竟和那政敌成为朋友，这是为什么呢？

这是有心理学原理的。当我们帮助一个人的时候，内心会不停地自我暗示，不停地告诉自己，这个人很不错，这个人很好，因为我们潜意识认为我们只会帮助好的人，现在我帮助了他，那么他一定是个好人。如果善用这个技巧，你可以快速交到很多朋友，也就是让很多人帮助你，一旦你能让别人帮助你，他的内心就会开始修正对你的评价，不论对你是陌生的评价，或是负面的评价，他都会修正对你的看法。在心理学上，人们会认为，自己所投资的东西一定是好的，比如说有些人爱上了一个人，大家都说这个人很糟糕，可是他不承认这个事实，反而不停地告诉别人，和自己在一起的这个人很好，因为他的内心也在不断地自我暗示：我的时间投资在这个人身上，我爱上她并为她付出，所以她一定是好人。同理，我们来到一个新环境时，如果想要快速交到朋友，取得他人的信赖感，就可以向那些我们想要结交的人求助，请求他们给予帮助，这样就可以扭转他对你陌生的评价，而让他渐渐变成你的朋友。那我们让他们帮助我们什么事情比较好呢？最好的方式就是请他帮你做他最擅长的事，因为每个人都希望自己最擅长的事情被人发现，被大家看见，都希望自己擅长的事有舞台可以发挥。

当你请他帮你的时候，就修正了他对你这个人的看法，你又请他帮你做他擅长的事情，等于给了他一个发挥的舞台，他的内心就开始对你有好感，对你释放善意，这就是你结交朋友的一个方法。

4 对他好一定要让他知道

华人通常是比较含蓄的，有时候我们辛苦了大半天做出来的成果，却被一个只会动嘴的人抢走功劳，你看着他受到表扬，心里恨得牙痒痒，但基于双方情面只能在心里咒骂。功劳会被那些小人抢走，其实也有你自己的错，因为你心里觉得“邀功”是要不得的。功劳、成绩就像一个美味的肉包，谁把它拿下谁就可以享用它，你把这个肉包做出来却不好意思去享用它，所以那美味的包子放在桌上，在旁边的人、路过的人，甚至凡是闻到香味的人，都会想办法去吃那个包子，包子被拿走是很正常的事情，所以我们不要做“大仁哥”，真的是你的功劳，该邀功就邀功。

我有个朋友从生活中的一件事情明白了“邀功”的必要性及重要性。

有一次他半夜起床上厕所，看见他老婆踢被子，被子掉到了床下（因为他和他老婆会互抢被子，所以是各自盖自己的被子）。因为怕吵醒老婆，他轻手轻脚地帮老婆盖上被子，就接着睡了。然而，隔天早上，他老婆起床的时候，因为一点小事就跟他闹了脾气。

我朋友气不过，找我抱怨了几句：“我半夜怕她着凉，还帮她盖被子，结果早上为一点小事就跟我发脾气。”我开导他说，他的用意和做法都没有错，但是少做了“邀功”这件事，因为你半夜做了什么你老婆根本不知情，跟没有做是一样的，所以建议他下次要试着“邀功”。必要的时候，你可以按照下面的顺序描述三个过程：你眼睛看到的事实情况→你心里担心的问题和帮忙的方式→你动手做的事实。于是，在他老婆又一次半夜踢被子的时候轻轻拍他老婆，把她叫醒并对她说："老婆，你怎么踢被子了，被子都掉床下了小心别感冒了，我帮你把被子盖好。"然后帮他老婆把被子盖上，再亲她一下。隔天早上，他老婆起床后竟然主动去买早餐，要知道，之前都是我同事去买早餐的。吃早餐的时候，他老婆才跟他说谢谢！谢谢他晚上那么贴心帮她盖被子。

各位朋友，你发现了没，有跟别人说你为了他做什么，和没有说，是不是差很多？要注意的是，如果过程中你没有跟你老婆说明过程，早上只跟老婆说你有帮她盖被子，这效果其实不太大，所以，一定要说明过程。

朋友帮老婆盖被子的"邀功"过程：

你眼睛看到的→老婆，我看到你被子掉床下了，你怎么踢被子了呢？

你心里想的→我怕你感冒了。

你动手做的→帮老婆把被子盖好，再亲老婆一下。

之后他三天两头地跟他老婆邀功盖被子的事情，他老婆就不太理会他，他问我说为什么？我跟他说，邀一样的功，在第二次之后，效益会每一次减少一半以上的，后文我将提到的"服务价值递减定律"会说明这一原理。

描述过程可以让对方知道你的辛苦和用意，这个方法用在客户身上也是很恰当的。有一次客户的公司要盖厂，需要很多设备，我抓准机会去推销自家的产品，但我发现负责项目的工程师超级忙，要跟进很多的专案，在简单访谈了解对方的需求后我就离开，并约好三天后再拜访。三天后我将自家公司的产品报价资料附上，同时还列上其他品牌的产品比较分析，诸如哪一间公司有用、效果如何、价格分析、维修流程、产品CP值等资料全部搜集好，并整理成一份报告，让他可以直接交给他的主管，我还贴心地将报告封面的LOGO也换成客户公司，报告人的名字不是我的名字，而是那名工程师的名字，并且我把过程告诉客户（你眼睛看到的→你心里想的→你动手做的）。我对他说："我那天来拜访你的时候发现你真的好忙，同一时间要负责好几个专案，在这方面我很专业，应该能帮上忙，能减轻你的一些工作量，所以下班后花了三个晚上的时间，熬夜比较了数十家公司的产品，亲自跑了四家设备厂商，才整理出这份资料，希望可以帮到你。"

我的邀功过程：

你眼睛看到的 → 我那天来拜访你的时候发现你真的好忙，同时要负责好几个专案。

你心里想的 → 在这方面我想我很专业，应该能帮上忙，能减轻你一些工作量。

你动手做的 → 所以花了三个晚上的时间，熬夜比较了数十家公司的产品，亲自跑了四家设备厂商，才整理出这份资料，希望可以帮到你。

结果那一份报告让他在他主管面前大大被赞赏，因为他是第一个提交专案报告的工程师，并且内容全部都很到位，之后那工程师因为这一份报告，被派任成为某一专案负责人。为了感谢我的帮助，那位工程师在自己能力范围内给了我许多订单，其公司新建的那家工厂所有要用到的设备，只要我公司有的产品几乎都包给我了，这些订单实现了我一整年的业绩目标。邀功有方法，只要注意两点即可，就是：内容不要太夸张，邀功不要太频繁。

5 公众演说助你登上事业巅峰

虽然俗话说"沉默是金"，但在今日社会，沉默也会让你"失金"。拥有出众的公众演说能力好处多多，我们这本书的重心是放在建立信赖感，所以就以人际关系为主，会公众演说对于人际关系的好处有：

第一，建立专业。

其实只要在众人顺畅地完成一场演说，仪态表现得郑重一些，不管内容如何，你在他人心中就已经有一定的专业性了。

第二，大量人脉。

一次面对一个人谈，和一次面对一百人谈，效果是不一样的。人生时间有限，不可能一个一个地慢慢认识人，而通过公众演说大量认识人，一定会有一些成为你的铁粉。俗话说“人有三怕”，怕高、怕死、怕上台，所以可以在众人面前侃侃而谈的人是令人钦佩的，所有社团或是你所居住的社区开会时，站在台上讲话的人相信都是最多人认识的人，如果要快速累积大量人脉，公众演说是一定要学会的。

第三，快速建立信赖感。

因为你是站在台上的主角，听众心里会认为你是公众人物，自然对你产生莫名的信赖感。

古今中外的各界人士都是演讲的达人，他们当中有政界领袖人物、企业领袖等各界名人。近代最伟大的演说家，我心中有四个人选：

第一位是孙中山先生：孙中山通过公众演说、发起十余次革命起义，最终推翻封建统治！

第二位是奥巴马：美国总统奥巴马通过公众演说、宣扬治国方针，最终获得大选成功！

第三位是毛泽东：毛泽东通过公众演说、团结全国各界爱国人士，最终建立新中国！

第四位是马丁·路德·金博士：马丁·路德·金博士发表“I Have A Dream”这篇演说时只有34岁，他彻底改变了人类与美国的历史，他的演说获得极高评价。隔天的报纸评论说，他引用圣经的字句，也引用莎士比亚的字句，而且演说“充满林肯和甘地的精神”：平等、博爱，追求理想，永不放弃。

这些不外乎说明了演讲的重要意义，公众演说表达思想观念的力量一直影响着今天人们的生活和工作。

想成为公众演说高手必须做到三个“放下”：放下面子，放下架子，放下包袱。

6　要有说故事的能力

人际高手都拥有说故事的能力，当他在开发新客户或与新客户第一次见面时，常常就是通过说故事的方式来介绍自己，让自己的“人生经历”与“专业特长”充分深入对方的印象中。

说故事的时机无处不在，当我们在商场上交换名片的时候，也是说故事的时机，你可以主动自问自答，例如，你可以说：“你知道我为什么要做保险吗？”接着就利用简单的故事回答这个问题，不要太长，最好三分钟左右。利用故事介绍自己有很大的好处：加深印象令对方不容易忘记、对方会更专心地聆听、快速取得对方的认同感、容易打动人心等，如果你用罗列式的方式介绍自己，也不是不行，只是你要有很独特或是很厉害的头衔，所以你必须事先准备一分钟、五分钟、十分钟的自我介绍故事，这样你就可以视当下的场合和对方的时间做调整，否则自我介绍只说姓名、学历、星座、兴趣、职业、专长等，是很容易被遗忘的，利用情感等元素把这些内容串联起来，变成一个故事，更能吸引注意力！

说故事可以用在生活上，例如你女朋友问你：“你为什么爱我？”你说：“因为你漂亮，善良、体贴……”这听起来真是太一般了，怎么感动你的女朋友？这个时候你需要讲故事！

“漂亮、善良、体贴”等，只是一个个形容词，一点温度都没有，没有办法打动人心，一定要适当地进行包装，讲一个你们刚认识时发生的事，将你想要说的这几个元素包装进去，再搭配你的口语来描述，把它包装成一个充满爱的小故事。别以为爱听故事是小朋友的专利，事实上人人都爱听，因此推销上有着“故事推销”这样的技巧。

你有没有想过，为什么人们喜欢看电影？电影结束时当巨大银幕上的画面逐渐淡去，前一小时在你眼前发生的枪战打斗、豪门世仇恩怨、泪眼汪汪的生离死别等，却还久久不散。此刻原本黑暗的场景变亮了，观众席上的你知道戏演完了，应该离场了，依照电影院工作人员的指示方向，从刚刚惊心动魄的故事中抽身离开，工作人员打开逃生门，催促着你尽快离场，还顺便提醒你，别忘了带走垃圾……你在这样的催促声中回到了现实世界，尽管如此，你脑中的画面或许还停留在刚刚的电影中，这就是故事的力量。

但是要注意，没有人喜欢被强迫听故事，所以你在讲故事的时候必须使点“小心机”才行，例如将故事主角换成自己：“昨天我在上班的路上遇见一件有趣的事”，这样的说法可以降低对方的防御心，让对方愿意听故事。

学会说故事对自己有什么好处？说故事是一种容易入门又有效的说话技巧，能够提升整个沟通的品质。你有想过在听故事时，大脑在干什么吗？故事改变的不是抽象的想法，它改变的是你大脑的潜意识！想要提升个人说话魅力，可以试着从说故事开始！

那么故事到底要如何说或如何写，才能让顾客想继续听下去，听完后记忆深刻呢？请掌握以下四大关键：

1.设定目标

除了把故事说好，你还必须说对的故事。故事的对错取决于目标听众是谁。因此，在构思故事前，要先搞清楚“听众容易对什么有共鸣”和“我希望听众听完故事后有何启发”，要尽量了解听众的价值观和关心的事物，才能从最容易打破心防的角度切入，说出最能打动人的故事。

2.吸引力

“讲故事”的重点不是你想说什么，而是对方想听什么，你要想一些标题去吸引对方注意，让听故事的人有兴趣继续看或听下去。

3.故事力

不能单纯罗列式地介绍，最好加入一些感情，要有一些情感描述的句子，若能运用五感，即听觉、视觉、触觉、味觉和嗅觉，再搭配图像和音乐的元素，一定能提升故事效果十倍以上。

4.影响力

故事要先感动自己，才能感动他人；要先激励自己，才能启发他人。

7 业务上的人脉经营病

通常人脉经营不好的业务员会犯下以下几种病，如果能对症下药治愈这七种病症，必定可以业绩长红。

找借口

对于自己不想做的事情，总是喜欢找借口，因为借口可以让自己不用太自责，借口可以骗自己的头脑说“不是你不行，你只是不想”，然后就可以让自己舒服一点；另外对于自己做错的事，也总是喜欢用借口说服自己相信“错在别人不在我”，所以心里就舒坦了。

明明健康出问题，过于肥胖而必须减重了，还借口说“人生苦短，应及时行乐”，明天再开始运动；明明你害怕去拜访客户，却找借口说“客户现在应该在忙，不方便过去，明天再去”，于是明天又再明天。

借口的用处有两种，一种是让自己舒服，二是让自己不用面对现实，横竖都是宠自己，所以人们就会习惯性使用。如果单纯地只是想建立自信，或是让自己从谷底快速地爬起来，找一点借口安慰自己，让自己不要沉溺于悲伤或自责当中，也不失为一种疗伤的方式，但事情一过必须马上爬起来，不能让借口成为一种习惯它让我们像鸵鸟一样，将头埋在沙堆中不想抬头面对现实，变成妨碍我们成长的绊脚石。借口让我们永远在原地打转甚至退步，走不出自己的人生，借口让我们得以自欺欺人，总想躲在现实之后。有的时候是我们不想放它走，因为它让我们有依赖，让我们找到自怜的位置。因为有它太舒服了，但是它也让我们停滞，失去前进的勇气。如果我们不把这个绊脚石搬开的话，我们就只能一直停留在原地。

有一位员工客户服务做得不好，但是他老是怪客户不好打交道。起初主管帮着他服务了几个不同的客户，但最后他还是在抱怨这个客户哪里不好，那个客户哪里不好。他以为这样可以让主管认为不是他不尽力，而是客户的问题，时间久了之后大家也都渐渐明白他在找借口，开始对他的能力产生质疑。

借口可以让我们躲掉一时的压力，却解决不了问题，同样的问题会换另一种形式再找上我们。怪罪别人很容易，找借口很容易，激励自己往前走不容易，迎接挑战更不容易，但是如果我们老是选择容易的事情做，就养成了事事都逃避的习惯。为了赢得更好的人生，还是得练习抛开借口，认真面对自己的不足，至少要培养出勇敢面对问题、解决问题的能力。

抗拒学习

学习很贵，不学习更贵，投资自己的脑袋是稳赚不赔的事情，但台湾的学习风气很差。如果台湾的朋友口袋有十万元，要他拿出一万元来学习，大部分的人都不愿意。有一句话说得很好，“你的一生决定于你看过的书、遇到的人、上过的课”，而这三点通过学习就能办到，以前上MMI（“有钱人想的跟你不一样”的课程）课程里提到，如果你停止学习你就迈向死亡。时代进步得很快，不论哪一种技能都需要不断地精进，尤其是在这个信息爆炸的时代，你一有个小动作对方就知道你要干吗了。人脉的经营也是一样，如果你不学习，老是用旧方法，就会落后于人。例如，乔·吉拉德成功经营人脉的方法就是不断发名片，但如果你现在还是用他的方式而不是通过LINE、FB、WeChat等积累人脉，还在用古老的方法运作人脉的话，想必你会做得很辛苦，而且未必成功。

犹豫不决

你跟客户说事业，他怀疑是传销；你跟客户说学习，他说这是洗脑；你跟客户说保险，他说这用不到；你跟客户说投资，他说风险太大；你跟他说要改变，他说我这样挺好；你跟他说要尝试，他说万一不成功怎么办？你跟他说要创业，他说我没本钱；你跟他说要多与人沟通，他说我不好意思；你跟他说成长是痛苦的，他说我想不明白……

当你犹豫的时候，别人已经在行动了；等人家功成名就时，你说那个方式可以做，但是机会早就过了，也没有必要去做。犹豫不决比“去做，但失败了”的结果还严重，因为你去做，做错了、失败了，至少你知道这条路是不对的，还有改正的参考价值；但如果你老是在原地打转、犹豫不决，是最糟糕的一件事。

拖延症

美国哈佛大学人才学家哈里克说：“全球有93%的人都因拖延的坏习惯而

一事无成，这是因为拖延能杀伤人的积极性，而成功的人做事绝不拖延。”

有的人想要去参加活动，积累人脉，但是每天都只是想想而已，然后明天再说，或是交换名片后没有把握黄金48小时进行联络，老是累积一堆名片也忘记谁是谁，那么你参加的所有活动都是白费。你必须学会严格命令自己，如现在就去报名成长课程、现在就去联系昨天认识的朋友等，“勒令”自己立即去做某件事情，以此来培养自己的自制能力，以便及早完成任务。

许多有拖延症的人会检视他们之前在工作效率上的失败，并将其视为之后继续拖延的理由，他们会说：“我都已经浪费了今天的大部分时间，那剩下的时间也没什么好努力了。”这样只会让你一直负循环下去，摆脱不了拖延症。你反而要想我已经浪费了一个早上了，更要抓紧时间在下午把进度追上。就算你整个早上都偷偷用手机抓神奇宝贝，但下午到下班前这段时间，你还是有机会高效地完成工作，而不要让之前的拖延成为之后继续拖延的借口。

凡是应该做的事拖延而不立刻去做的人是弱者，而成功者则是在事情还新鲜时就立刻去做。只有立即行动、马上行动、现在就开始，才有可能成功。

三分钟热度

人脉的累积和经营是一辈子的事，三分钟热度的经营只能获得三分熟的朋友，所以请把经营人脉当作习惯，开始行动并且坚持每天行动。例如我们想养成晨跑的习惯，原先的目标是每天30分钟，但是到第三四天的时候，心里会犯懒产生抗拒，这时候我们要做的不是逼自己跑完30分钟，而是告诉自己，我可以选择跑5～10分钟或者走20分钟，但是不能不行动，过两天之后，我们就又能恢复正常的30分钟晨跑了。你还可以采用“以婴儿学步开始”的方法，从小的地方开始做，事情越简单越容易坚持下去，不追求完美，而是注重开始行动的过程。再如每天进行简单记录，让过程和结果视觉化，能有效增强你的信心。最关键的一点还是坚持每天持续进行，渐渐地你就会自然地行动，像呼吸一样，都是条件反射。

害怕被拒绝

在建立人脉的过程中，一定会有一些人给你脸色看或是出言嘲讽，这样的心理建设和心理准备一定要有，才能避免别人无意识间一刀杀死你的梦想。关注对你释放善意的人，并且亲近他们。即使是最成功的人，也曾经吃过闭门羹，重点并不是被拒绝与否，而是被拒绝后你接下来采取的行动！此时此刻，不要沉浸在坏情绪里，而是利用这个机会，从可信任的另一方搜集更多的信息，以帮助自己在未来表现得更好。

自我设限

很多人普遍都会给自己创造一个“自我限制”信念，总是觉得自己不够好，这样的想法同时也影响了你解释周遭事件的方式。就算你今天完美地完成了一项工作，你也只会认为那是自己运气好、是同事的功劳……这些信念并不准确，却会让你封闭自己的潜能，即使有机会表现得更好、过更好的生活，也会因为这些自我限制的想法而自己将机会往外推。这是因为你缺乏自信，只要犯了错，你就一直责怪自己，认定是因为能力不足，从此再也不愿轻易尝试。这不但对事情没有任何帮助，也会让你失去很多挑战自我的机会。要相信自己，告诉自己，你比自己想象中的还棒。

“想象”是不用钱也不犯法的，所以请你大胆想象你的未来和过程。如果你将过程和结果想得越恐怖，你就不敢前进，但是，如果你将过程和结果想得越甜美，你就会迫不及待地积极执行。

8 自我介绍的能力

自我介绍是很重要的，但很多人都不曾认真看待过它，大多数人都习惯用名片来自我介绍，这种方式完全错误，自我介绍要以故事来呈现才是最棒的。因为人人都爱听故事，不爱听一板一眼罗列式的介绍，所以你一定要把你的自我介绍设计成一个动听的故事，并准备三分钟版、五分钟版的自我介绍，此外还要留意以下原则：

1. 真实故事不欺骗

每一个人都有自己的人生经历，但是精彩程度有所不同，不能因为你的人生平淡，你就虚构一些人生故事，若是哪天“东窗事发”，你的一切都会被人家质疑，不管是真是假，一下子就会被别人全盘否定。

2. 用生活语言不咬文嚼字

很多人喜欢用成语来展现自己很有学问，但是其实很多人是听不懂的，所以介绍自己的时候要用生活化的言语，这样也会让人感受到你的亲切和平易近人。

3. 适度包装强化重点

我们的人生故事内容虽然讲求要真实，但是也不能都没有包装，因为没包装的故事稍嫌平淡不够吸引人，你可以根据事实来包装你的故事，并适当地强调你要表达的重点，给它添加一些色彩、增加亮点。

4. 不断修正以求进步

我们不可能一次就将自己的故事讲到完美，一定是不断地修正，然后越讲越熟练，越讲越好。重点是你要讲给别人听，并且请听者给你意见，再一步步修改内容，借着与人分享也可以练习自己的表达技巧，只有不断地练习和修正才有进步空间。

自我介绍除了介绍的内容，还有一些礼节和规则必须注意，千万别误踩雷区。

错误1：一次给两张或多张名片

不要第一次见面时就给对方两张自己的名片，你希望对方帮你推荐好机会，但他们会帮你介绍的机会接近于零，因为你们并不熟，除非对方主动跟你提要多一张名片。

错误2：眼睛直盯对方眼睛

眼睛直盯对方的眼睛会让人很不舒服，如果对方是女生尤为明显。以前的观念是与人交谈时，注视着对方的双眼才是诚恳的表现，于是不少小孩子是依照这种“标准”“命令”被教育长大的，“看着对方”是对的，但交谈时并不需要“一直”盯着对方双眼。偶尔放松地看看四周环境、扫描一下对方脸部，谈到重点时再眼神对看一下，这并没有什么不妥的，或者把目光停留在对方人中附近是比较安全的做法。

错误3：把递名片当作自我介绍

名片无法取代自我介绍，如果只是简单地将自己的名片递给对方，不适度地介绍一下自己，让对方更进一步认识你，对你更有印象，或是在众多人出席的会议或活动场合，把名片当宣传单发是最不明智的，因为可能在活动结束后，你的名片都会被扔到垃圾桶里。

错误4：没诚意的握手

随意敷衍的握手不如不要握手，如果要握手，一定是有自信的、面带微笑地诚恳握手。

错误5：细数“名人榜”

向对方滔滔不绝地说认识谁、曾和谁共事过，还有和谁一起用过餐等，其实，你讲的这些人，听的人可能都不认识、也记不住，如果是在求职面试时对面试官说这些，不仅没有达到加分的作用，还可能会扣分。

错误6：刷手机不在乎对方说话

自我介绍时不专心听对方回应，还时不时地低头刷手机，这是很不尊重对方的举动，也是现代人比较常犯的错误。

错误7：天马行空

与人第一次见面就开始谈起自己的风光过往、求学历史、家庭成员表现，或是如何搭车到会议现场等，最后对方连你是谁都搞不清楚。

错误8：没有礼貌地插话

还没等人家把话说完或是对方未示意让你发言，就急切地滔滔不绝地开始自顾自地侃侃而谈。

9 六字魔力法“也就是说对你……”

每个人最爱的都是对自己有益的事情，在人际关系中，你处处替他人着想，对方就会把你铭记在心，但是你要怎么把很多的事情转换成对客户有帮助的呢?

介绍你一个六字魔力法，其中用到的六个字是“也就是说对你……”。我有一次邀约客户去听一场财经讲座，内容是有关理财的，因为我知道她喜欢投资理财，她老公会要她交上70%的薪水一起作为家用款。所以我的邀约方式就是：“你去听这场演讲，也就是说对你，可以提升你投资获利的机会。”后来我邀约她加入我的人脉群组，我的说法是：“加入这个群组的话，也就是说对你，可以认识很多人，可以互相交流赚钱机会。”我要将公司产品卖给她，但是产品价格比其他公司贵，我的说法是：“没错！我们的产品确实比较贵，所以产品品质和服务比其他家好，也就是说对你最好，因为羊毛出在羊身上，将来产品也不容易出问题……”所以我们凡事要把你为客户做的事情，换成对他的好处告诉客户。

你一定要买我这一本书，也就是说对你，你的人际关系会进步很快，你的业绩和贵人会被你吸引而来。少用“我”多用“我们”，常常将立场转成朋友的益处，就是多用“也就是说对你……”。

当我们常常用“也就是说对你……”，对方听到耳里的感觉会是“你有站在我的立场为我着想”，所以对你提出的要求或是方案，对方内心的抗拒点会因而降低，对你的感觉也会不一样，但是要记住，不是所有事情套上这六个字就好，重点还是要聚焦在这件事情的本身，要确实是对对方有帮助的，不是你单方面获利而只是为了打动对方刻意套上的字眼。如果只是你获利却硬要套上这几个字，对方还是会察觉到你在忽悠他，只有我们内心真心地认为对对方是有好处的时候，才能使用这六个字，这样对方才会有所感觉，千万不要把对方当作笨蛋。

由于过往台湾的社会文化很容易让人对自己没有足够的自信，所以过去十多年的教育，都很强调年轻人要有自信。如今的年轻人其实比老一辈健康得多，对自己有信心绝对是件好事，但有自信这件事，常常也会跟着一个副作用，就是觉得只有自己最懂，其他人都不懂，特别是认为公司的高层很笨。其实老板会做一个你觉得很烂的决定，不代表老板蠢，通常只是角色立场不同，自然思考的重点不同。当你坐上主管位置的时候，其实你也很可能换了位置换了脑袋，做出跟你当初觉得蠢的主管所做一样的决定。有自信很好，但千万不要觉得其他人都是笨蛋，当你尊重其他人的时候，你就更能理解他们的想法，扩大自己思考的广度与深度，这不代表你一定要认同他们的决策，但把他们当笨蛋只会限制你看事情的角度。世界上没有真正愚笨的人，所以不要动不动就把别人当成是笨蛋。

其实，真正的笨蛋往往是把别人当成笨蛋的人，因为有很多人都是假装笨蛋，而非真正的笨蛋。当他要利用你、亲近你时，他就会伪装成笨蛋，让你对他不设防。不要把客户当成笨蛋，而是要进一步把客户看成是聪明甚至是有智慧的人，这样你永远都不会想要欺骗他，永远都不会想占他的便宜，真心地对对方好，才是上上策，也就是说对你才是真策略。

10 做个有幽默感的人

一些调查显示，有幽默感的人总能在团体中赢得好人缘。“幽默感”是什么，很多人都回答说：不就是“搞笑”吗？

若是单单以结果来说是一样的，目的都是使人愉悦，但是就内容来说两者之间还是有很大区别的。通常幽默感是一种被动的策略，发生了事情看到了某些事物，本来是难堪或者令人愤怒不舒服的，通过新的解读方式，让人轻松，有点举重若轻的意思。

而关于“搞笑”，则解释为一种主动的，故意为之的言行，目的是让别人笑，比较不拘泥形式与方法，可以“无所不用其极”，难免给人轻浮感，也容易在不知不觉中伤害到他人而不自觉。

丘吉尔（Winston Churchill）曾说过一句名言：“幽默是一件严肃的事情。”（Humor is a very serious thing.）幽默感如同双面刃，用得巧，或许能缓和人际关系中的紧张感与距离感，让你的个人魅力倍增；若使用得不妥当，便成了人际关系的杀手，比不用还糟，所以谨慎使用幽默感才能赢得好人缘。

有些人的幽默感是与生俱来的，有幽默感的人，在其谈吐之间，也会让人倍感温暖。而“幽默感”这种东西，是一种由内而外的“气质”，字里行间都会让人觉得他是一个很聪明、反应很快的人。

为什么他们会被称为“反应快”，因为他们擅长用语言的技巧，去化解所有尴尬的场面，让你明白他表达的论点的同时，又不会因为这句话感到生气，有许多真实的话其实都是在说笑中讲出来的。

举个例子，在你觉得对方的行为有点过分时，如果你直接就说一句："你做得很过分，你是想怎样？"毋庸置疑，这句话一定会引起对方的不悦，因为他觉得没面子加上被教训了，两人势必会吵起来。如果在那样的情况下，你用一句"刚刚你讲的话烧到我屁股了，过火了点！"就能在表达你意见的同时，避开一触即发的正面冲突。

大家都知道幽默感很好用，但是幽默感并不容易培养，最大的原因在于每个人的反应和性格不同。不容易培养也不是说完全不行，我们要知道那种临场反应必须在短短的几秒间脱口而出，要有快速的机智反应，举电脑的例子来说，就是要有很好的软硬件，硬件是先天父母给我们的，要升级有难处，所以这部分别太要求，倒是资料库的内容，像Google可以在那么短的时间内，搜寻到那么多你设定关键字的内容，完全是因为它的资料库里面的资料量很大，这是因为Google平时就不断地在收集网络上的信息，并加以整理分类归档，为的就是日后要使用的时候能快速搜寻得到。

相信很多人都听过选择大于努力，那为什么知道的人还有很多人都没有成功呢？最大的差别在资料量。

试想，假设A毕业后要选择一份工作，这时候他将面临很多选项，例如哪个行业、哪个公司、哪个职务等很多的选择题，任何一个选择都可能影响到他往后的人生。如果这个人平常不学习也不请教别人，那么在他的资料库里面就只有十种选项可以选择。而B他热爱学习，平时就经常去上一些学习成长的课程，也喜欢阅读，所以在他的资料库里面就储存很多资料，平常虽然用不到，但是在他需要选择的时候，脑中出现几个关于自己职业生涯的关键字，例如喜欢的兴趣、产业的前景、职务的安排等，开始搜寻他的资料库。因为他平常喜欢上课，吸收了二十位老师的人生经验，每一位老师教导他五个观念，所以光是上课学习这方面他就有一百个可以供他选择的选项，再加上他有阅读的习惯，所以B的脑袋资料库就有百个以上的个选项，相比A只有十个选项而言，B要选择将来对的概率就比A高出很多了。所以说，人生没有用不到的经历，只是还没有用到而已。

培养幽默感也是同样的道理，若是希望自己能在短时间内就做出反应，那平常就要多看看一些幽默的文章、综艺节目、短片，甚至是网友的神回复，还有最重要的是——练习。

幽默的文章：

现在的网络很发达，这方面的资料收集真的很简单，只要在Google打幽默文章、好笑文章就会出现一堆可以让你选。

综艺节目：

以前喜欢看综艺节目单纯就是因为好笑，但它的缺点是一两个小时的节目里它的笑点也不过就那两三分钟。幸好现在网络方便，不需要你看那么多没用的片段，直接在搜索网站输入关键字搜寻就可以，例如“吴宗宪搞笑”“沈玉琳爆笑”等都可以找到许多剪辑下来的片段，个个都是经典中的精华，你可以多看几次，虽然很多老师都说那是没有营养的节目，但是我想说的是任何东西都有它的意义，只是看用在哪里。也许在朋友聚会中，闲聊会聊到吴宗宪节目的相关话题，你是不是就可以马上套用节目上的桥段，“笑果”不就出来了吗？当然如果对于不够熟的朋友，建议就不要越矩说些不合时宜乃至“限制级”的桥段，还是走中规中矩路线。

短片：

现在通信软件很发达，建议可以加入一些群组，虽然群组有时候很吵，信息会很多，但是你可以关闭提醒功能，因为在群组很多人会传一些有趣的短片和笑话，你可以先收藏下来。

神回复：

虽然很多人都说现在新闻没有什么看头，但是我们要看的不是新闻本身，就像很多人都会选择在广告时段去上厕所，其实电视最值得看的就是广告，因为广告都是花大价钱，由许多人合力才拍出来的，因为长度不能太长，所以广告里的每一秒都是很棒的点子。看新闻要看网络新闻，因为网络新闻才有办法看到网友的留言，网络留言会将回复最多的留言摆在最上面，所以你也不需要花太多的时间去找，那些简单却令人喷饭的留言就很值得你记下来，日后有机会运用上或是当笑话讲给别人听。

请记住一点，最有效果的笑话是要有互动的，有点无厘头又让对方哭笑不得的，才最厉害的，想要追女友的读者，以下有几个我觉得还不错的桥段，大家可以在网上寻找类似的段子视情况使用。

1. 男：我最近想要开始吃素。

女：干吗要吃素？

男：因为你是我的菜。

2. 男：我什么人都不怕，可是我觉得你蛮可怕的。

女：为什么？

男：因为我怕老婆。

3. 男：你觉得你重还是我重？

女：你重。

男：那你知道为什么吗？

女：因为你胖。

男：不对！因为你在我心里。

11 用倾听赢得信赖

你有多久没仔细听人讲话了呢？大家都知道倾听的重要，但有多少人了解它的意义？很多人都希望能“让人喜欢、博得好感”，殊不知“倾听力”若运用得好，就能发挥事半功倍之效。在建立人际关系上，“倾听力”比会说话还重要，所以老天爷创造了两只耳朵一张嘴。虽然我们往往容易被说话能力所吸引，但是细细观察那些人际关系不好的人，就会发现原因可能出在他们只顾自己一直不停地讲，而不用心去听别人说些什么。事实证明，善于当个好听众却拙于处理人际关系的人很少见，而很喜欢说话却无法建立良好人际关系的人倒是挺多的。

与人交谈时，对于没打算真心听我们说话的人，我们会出自本能地关上心门，对于那些敷衍我们的人或许会有形式上的往来，但无法保持更深入、更具本质性和创造性的人际关系。相反地，和专心听我们讲话的人之间，就能保有互动频仍的人际关系，在与人交谈时你只要负责引导对方，他会把他想说的一切慢慢地“说”出来，从而建立信任感，因为一旦你们谈话的次数变多，聊天的内容也多元的时候，自然就会讲出一些心中的秘密，这时候他对你的信赖感会不断地提升，甚至你都没有说什么话，他还会觉得你口才不错，因为你让他抒发了说话的情绪。

每当我在上课讲到这段的时候，很多全职太太就开始抱怨老公回到家就跟木头人一样很少讲话，反倒自己喋喋不休讲个不停，这是因为每个人都有讲话的基本需求。根据调查统计，男性每天要讲七千个字，女性每天要讲两万个字，将近是男性的三倍，而男性的七千字额度通常在白天工作八九个小时内就讲完了，回到家当然就没有讲话的需求了。但是他老婆的情况就不一样了，她一个人在家带小孩，跟小朋友说“吃饭饭”“睡觉觉”等字眼，这个并不叫讲话，所以她两万个字的说话需求，必须在老公下班回家到睡觉前的三个小时内说完，才能抒发这一天的情绪。而当一个人讲话的情绪被满足了之后，对你的信赖感自然就会提升。

如果想要建立更美好的人际关系，以及提升学习能力或工作能力，我们就应该投入更多心力在“倾听”上面。倾听并非只是茫然地聆听对方说话，有时候我们自以为有仔细听对方说的话，但其实并没有。测试的方法是如果无法重述一遍对方说的话，就不算听进去，只能算有听过。

当我们试图要仔细倾听对方的时候，会发现自己原来极度缺乏这个能力。这是因为一直以来我们几乎都是“说”比“听”多，并没有刻意做这方面的训练。很多人因为无法突破这点而备受困扰，虽然很想在工作上有好的表现，很想建立良好的人际关系，但因为缺乏“倾听力”而诸事不顺。

举例来说，倾听时的氛围与态度会投射出这个人的特性，并传达给对方，这么一来，对方会本能地决定自己要跟这个人保持多少距离，或是如何相处，有哪些雷不可以触碰，做不到“倾听”的人，就无法体会与对方心灵相通，并产生新点子或新发现的喜悦，也无法建立创造性的关系。在不具创造性的人身上，人们会找不到其价值，而且一个人的魅力往往在于倾听力。

一次KTV聚会，朋友找了他那边的朋友来，当中有一个女生唱了一首A Lin的《现在我很幸福》这首歌，因为我很喜欢这首歌，所以就停下一切专心聆听那位女生唱歌，其他人不是在聊天吃东西就是在玩手机，只有我很专心地在听歌，这一首歌结束后我还为她鼓掌。后来，她主动过来找我聊天，说她从没有碰到过那么专心听她唱歌的人，一首歌唱下来，她感觉自己被重视，而且她觉得我懂她，认为我跟她的磁场很相近。她来找我聊天时因为现场也比较吵，所以我们讲话必须靠得很近。而实际上交谈过程中大多是她讲我听，但是之后我和她就成了好朋友，并且只要有聚会她都会问我要不要去，我在她心里的信赖感从那次瞬间从不认识的陌生人，马上提升到好友，全都是因为“倾听”。如何强化“倾听力”呢？以下有四个小步骤让你成为好听众。

1. 总是引导对方说更多

人总是很难洞察自己内心真正的想法，容易受枝微末节的事物影响而分心；因此，好的倾听者绝不会只以“然后呢？”来敷衍对方，他们总渴望了解更多、更深入，同时细心记下你阐述的内容，将事件的表象与背景联结起来。有好的倾听者与你一同检视细节，你的思考将能更完整，你可以这样说：“你刚刚说的是代表什么意思呢？”或是重复他说的片段，让他觉得你很在乎他的事情，一旦让他觉得你很在乎他，他就会慢慢地交出他的真心，你们的信赖感将会马上提升不少。

2. 问他当时的感受

大家常用“好、坏、讨厌”等含糊的形容词阐述一件事情，却忽略深入探究“为什么有这种评价和感受”？当他在描述一件事情的时候，他只是在交代而已，但是你问他：“当时你的感受是难过的吗？还是开心的呢？或是愤怒的？”一旦他有回应他情绪上的描述，就变成是他内心的话语，而那些话背后的意义不言而喻。

3. 不要说教

高度竞争的社会里，人人都不喜欢被视为失败者，所以害怕向他人倾吐烦恼；但是与好的倾听者对话不会令人不安，因为他们不会逼你接受建议，只会适度给予正向回馈，无论你提出了多蠢笨的问题，都不会遭到嘲笑或羞辱，因为他们在乎的是如何协助你，而非伤害你。

4. 不会只因立场不同就批评对方

可能许多人认为“意见不一就只能对立”，但好的倾听者能区分“对人”与“对事”的不同，即便意见相悖，他也会温和地与你厘清彼此想法。

现在是信息爆炸、人工智能当道的时候，许多艰涩的问题都可以交由机器、网络信息来解决，但是，人与人之间的相处，则需要更多的软实力来经营，而其中，“倾听力”就是一个很重要的能力，借由专心倾听，无论是同理心的培养或是正反思考的转换，都能帮助我们经营出更融洽的人际关系。

·本章所介绍的技巧哪一个适合你？请写下来：

1.________________________________

2.________________________________

3.________________________________

4.________________________________

5.________________________________

·你写下的五种方式你要用到哪一位客户身上？为什么？

人名：__________ 哪种方法：________________

如何使用？详细写下来：________________

____

____

____

____

____

____

____

____

____

人名：__________ 哪种方法：______________________________

如何使用？详细写下来：______________________________________

____

____

____

____

____

____

____

人名：__________ 哪种方法：______________________________

如何使用？详细写下来：______________________________________

____

____

____

____

____

____

____

____

____

人名：__________ 哪种方法：______________________________

如何使用？详细写下来：______________________________________

____

____

____

____

____

____

人名：__________ 哪种方法：__________________

如何使用？详细写下来：________________________

____

____

____

____

____

____

第七章 开始要求业绩才会来

1 别变成“大仁哥”（工具人）

2 情愿捏破“关系”的这颗球

3 服务价值递减定律

4 蚕食攻势的技巧

1　别变成“大仁哥”（工具人）

业务员默默地守候在客户大人身边，当客户需要的时候就伸出援手，当客户心情烦闷的时候就陪聊天，当他受伤的时候，你就义无反顾地把肩膀挺出来，这种“大仁哥”的行为，在客户眼里到底是“暖男”还是“工具人”呢？

暖男V. S. 工具人

首先说明“暖男”跟“工具人”是完全不同的。

1. 主动性

暖男是主动发现需求，提早一步准备；工具人是被动的，随时听候差遣。

暖男对于客户的细微表情与需求都观察入微，会很自然且主动地展现可以帮忙的心意。例如，我曾经有一次发现客户太忙，就主动花三天时间帮他搜集整理他要的资料，做成报告交给他，让他可以用我整理的报告上交给主管，结果他的主管非常满意，还升他为专案的负责人，当然我也在那次主动的帮忙下得到最大的业绩回馈。

2. 核心价值

暖男提供心灵慰藉，工具人提供生活便利。暖男会让你对他产生深切的信赖感，把你当作可以谈心的朋友，开不开心都会与你分享，心灵层面居多；工具人则是物质性居多，例如吃饭埋单，需要司机的时候，团购要凑人数时才会想到你。

3. 情报搜集重点

暖男关注内心世界，工具人关注行踪作息。不论暖男还是工具人，对于客户的“情报搜集”工作都是少不了的，但两者的侧重点有所不同！暖男着重在客户的心情、想法与价值观，所以在聊天的时候，会通过各种话题，让客户尽量多说自己的想法，借此了解客户的内心世界与情绪波动。至于工具人，为了找到发挥的机会，则特别留意客户的行程、何时要放假、几点下班之类的信息。更糟的是，有些工具人为了强调本身“功能强大”“方便耐操”，还会刻意强调自己在任何时间随传随到。这种做法的问题在于，吸引到的客户很可能只看上你的功能，而不是喜欢你这个人！一旦客户身边出现暖男，就“移情别恋”了。

4. 沟通策略

暖男善于提出问题，工具人喜欢回答问题。暖男为了了解客户，喜欢抛出问题，通过客户的回答来描绘客户内心的想法；但工具人的思维比较看重功能展示，所以当客户在说话时，他们心里会一直找机会想要贡献给客户什么。这是多数业务“示爱”的标准方式，但客户往往不买账！

暖男比较重视问题的分析与解决而非心灵的联结与交流，而多数业务员会觉得提供实质有用的帮助才是对的，不去跟客户谈心，不跟客户聊些与业务不相干的话题，如客户的家庭、兴趣、感情等，就是这种观点造就了很多的工具人兵团，有句话说人们总是习惯用自己喜欢的方式去爱对方，但结果往往不尽如人意！

5. 陷阱问题

暖男擅长多种球路，工具人偏好直球对决。

客户有时候会突如其来地蹦出一些“假设性问题”，这种问题根本是“残酷舞台”，答得好，订单马上来；答错了（甚至出现迟疑），那就……很多业务尤其是没有受过专业训练的业务，往往没看出陷阱，而选择忠于事实，于是就被归类为工具人而非暖男！

请做客户的“暖男”，而不是有求必应的“工具人”，暖男就是要贴近对方的心，并且为你打开他的心房，在与人互动的时候如何更贴近对方的心，要贴近对方内心的关键，就是让他人对你放下心防。当你和客户的信任度够了，就准备开始捏球吧（开始要求业绩）！

与他站在同一阵线

让他人注意你、喜欢你的方法，很重要的一点是你要跟他站在同一阵线上，帮他解决问题。像我以前的女同事，她和她先生结婚，就是因为她与她先生站在同一阵线解决问题，她的先生因为喜欢一个女生，却又不敢说出口，我那位女同事就跳出来帮他，没想到那个女生没有追到手，却促成了他俩的姻缘。因为当初她先生胆小不敢去约那个喜欢的女生，这时候我的女同事就非常勇敢地站出来帮他解决问题，补足了他性格上胆小的这个部分，为什么这很重要呢？

那是因为很多时候我们在交朋友或是追求某个对象时，往往都是不停地付出，并没有认真想过对方想要什么，只给他你认为他需要的部分，而不停付出会带来三个负面效应：第一，你会让对方倍感压力，因为你的付出不是他想要的，他不好意思拒绝你，可是你又一直给，他会感到很大的压力；第二，你会感觉自己变成工具人，因为你不停地付出，但对方并没有像你预期中那样感到开心，你会失落并怀疑自己，会觉得自己不够好；第三，最关键的是，无论你怎么做都没办法达成你想要的结果，你没有办法让对方真正对你放下心防，无法让对方真正与你相处。如果你希望对方放下心防，并感受到你的关心，从而注意到你的话，最重要的一件事情就是——让他觉得，你是与他站在同一阵线一起解决问题的伙伴。

如何能达到这样的目的呢？一般来说我们没有办法帮助他解决他的问题，是因为我们没有发觉他的真实需求，还一直问对方说，你到底需要什么？你想要什么？但问题的关键就是：对方真正的需求他是不会说出来的。人们通常不会主动说出自己的想法，因为很多时候我们自己都不知道需要什么。

一般来说，人们需要的和想要的都是自己性格不足的部分，而且希望被补齐。比如说我那位女同事的先生，对追女孩子这方面非常胆小，所以我同事就协助他变成勇敢的人，替他补足性格上的不足部分。每个人都有各自的性格特色，也一定有不足、较弱的地方，而这个性格不足的地方，正是我们需要、想要的。所以你想要帮助某一个人，想和他站在同一阵线的话，关键并不是不停地问他“你需要什么”，然后去满足这些需求，而是主动发现对方的性格里面缺少什么，然后帮他补足这些缺陷或是鼓励他增加这样的性格特色，这才是与他站在同一阵线的做法。

具体来说，你想要打破某个人的心防或是想要与他有更进一步的接触的话，第一个步骤是，你得先观察他，观察他的性格特色，并且把这些性格特色记录下来，并且进行分析。比如说，胆怯、勇敢、积极、冷静、理性、感性这些都是性格上的特色，你得先观察分析，知道他是什么样的一个人。第二个是当他有这些特色表现出来的时候，对应地就有缺少的一些特质，可能是犹豫、冲动、不理性、不善于思考等，这些可能是他所缺少的特质。第三个步骤，去鼓励他或是帮助他补足这些特质。

我们要掌握以上这三个关键，请先观察你的客户有什么特质，再分析他缺少什么特质，最后协助他一起把这些缺少的特质开发出来，甚至鼓励他让他跟你一起把这些特质补足，这样对方自然就会对你放下心防，因为你是真心地想要帮助他，同时他也可能成为你的知心好友。

·你的主动性是暖男还是工具人

属于：____________________

如何改进：____________________

·你的核心价值是暖男还是工具人

属于：____________________

如何改进：____________________

·你的情搜重点是暖男还是工具人

属于：____________________

如何改进：____________________

·你的沟通策略是暖男还是工具人

属于：____________________

如何改进：____________________

·你的陷阱问题是暖男还是工具人

属于：____________________

如何改进：____________________

2 情愿捏破“关系”的这颗球

我们变成“大仁哥”有很大的原因是怕破坏关系，不敢去捏破“关系”这颗球，也就是说我们跟客户有了很好的信赖感，但是迟迟不敢要求订单，因为你怕你一提出来，会让对方觉得你是为了要做他的生意才会对他好，以至于你很难找时机开口。

关系经营太好也会怕失去这朋友，经营不够又不敢要求，是不是感觉两难呢？

之前我做保险的时候，有一个朋友也是经营很久，已经到了死党的地步，但我还是不好意思要求他跟我买张储蓄险保单，每次缺业绩的时候，我都会想到他，心想应该可以建议他买，但就是开不了口，生怕我跟他的交情会因此打折扣。这颗球我就握在手里，有时候看着它，很想捏破它看看里面是“买”还是“不买”，直到有次我们聚餐时，他问我说：“你们公司储蓄险的十年期利率多少？”我那时候眼睛一亮，心想“终于”！但是嘴上仍然装作并不积极的样子，问他说你问这干吗？没想到他说：“前阵子我跟一个银行前面认识的小姐买了一张保单，保单昨天送给我，想问一下你公司利率多少？”当场我的心就凉了一大半，还一脸正经地问：“你怎么没有找我买？”他很自然地回答说：“你没有说啊。”我这才明白，原来他本来就有买保险的需求，只是我没问他，他也觉得可能我业绩好，不需要他跟我买，于是就跟刚好有这个需求的人买，所以我经营那么久的信赖感却没有用到它。

经过那次教训后我学到了经验，懂得有技巧地去捏破这一颗球。有次我约一个信赖感很不错的朋友喝下午茶，准备先轻轻地捏一下。到了现场我们点了咖啡点心，闲话家常了一阵子，然后我就提出了我的保单计划，他问我一年要多少钱，我回答：“一万美元，约三十万台币，要存二十年。”当下说出这计划，我心里头其实是很忐忑的，因为储蓄险很少人买二十年期的，时间太长了，而且每年要存三十万元。结果他看了我给他的建议书，让我稍微解释保单内容后他就同意投保了。当下其实我心里产生了“怎么会这样容易”的感觉，那一次的确也让我深深体会到，你如果不敢要求，就是有再多的信赖感，在提升业绩这方面也是没有帮助的。

·你现在心中是否有这一颗球不敢去捏破呢？请写下来，并且给自己期限去捏破它。

1.________________________什么期限前要去完成__________________

2.________________________什么期限前要去完成__________________

3.________________________什么期限前要去完成__________________

4.________________________什么期限前要去完成__________________

5.________________________什么期限前要去完成__________________

3 服务价值递减定律

这边想先跟大家谈一个理论，为什么要在你给对方一个利益或帮大忙之后立刻要求好处？你听过“服务价值递减定律”吗？任何货品的价值都会随着时间长短波动，你对顾客所做的让步和给予的利益，会马上失去它的价值，完成服务后，服务的价值会随时间流逝快速递减，两个小时内这价值就会大量减小。

房屋中介人员对于这个服务递减定律就深有感受，当卖方的房子还找不到买主的时候，卖方提议给房屋中介卖价的4%作为佣金，乍听之下不会太多，但是一旦房屋中介找到有意买房子的买主，这4%的佣金在卖方心中就变得很多似的，4%那可是一笔大钱啊。卖方开始盘算，认为那名房屋中介又没有做什么事，他唯一做的事情，就是把房子放到他们的网站上卖而已。但其实房屋中介做的工作很多，只是客户没看到，所以切记：提供服务之后，服务价值总是快速递减。

我相信你一定有类似的经验，跟你做生意的客户突然打电话给你，他们惊慌失措地表示，因为大盘的供应商没有办法如期交货，现在他们公司出不了货，会面临断货，要给客户的货也交不了，将被罚大笔的违约金，于是找上你帮他们变出奇迹，把大盘的货给他们。你就没日没夜地帮他们调货，并分配所有的发货，终于皇天不负苦心人，你在期限内完成任务，解除了他们断货的危机，甚至亲自到现场监督情况，让他们公司得以顺利发货，而客户更是对你赞不绝口，觉得你帮了他一个很大的忙。你这时候也很骄傲地说："我熬夜做了哪些准备和努力，甚至一个晚上都没有睡，很是值得。"客户不好意思地说："简直不敢相信你为我做了那么多，你真的是太厉害了。"你回应说："我很高兴为你服务，下次如果有必要的话，我们一定会再次这么做。"这时候你还要趁热打铁，说："那可不可以考虑之后都由我们公司来专门为你供货呢？改由我们公司供货，就不会有断货的情况。"他回答："听起来很不错，但是我现在没空跟你谈这些，我必须先赶到工厂，确定出货一切顺利，这样好了，你下周一早上十点到我办公室，我们再好好谈一谈，顺便我请你吃个午餐感谢你的帮助，你实在太棒了！谢谢你！"

故事发展到这里，你心里肯定会想："我就要拿到一笔大订单了。"但是星期一终于到了，你发现和那位客户谈判的状况还是跟以前一样艰辛，他当初说的一切都变了。而客户心里却是这么想，他觉得你帮他调货是应该的，因为你也赚到了这次的佣金，干吗还要特别感谢你呢？请问这当中是哪里出了问题？

答案是，因为服务价值随着时间递减。“服务价值”总是在完成服务后快速消失，所以服务完客户或帮客户一个大忙后，就要立即要求回馈，不要错失良机，别以为你帮了一个大忙，他们欠你一次，就会找时机补偿你，实际上时间拖得越久，你的服务在别人心里的价值就会迅速递减。同样的理由，我们应该当场就把费用讲清楚而不是事后再讨论，例如水电工总是在做工之前就跟你谈好价格，而不是完工之后再谈。有一次我请水电工来家里修东西，他看过之后跟我说知道问题是出在哪里，他可以修好，但是总共要一千元，我说没有问题，你赶快修吧！你知道他花了多少时间修好吗？才五分钟就修好了。于是我不满意了，我说：“你才处理了五分钟就要收一千元？”我那时工作一天收入也才一千元，那时候我对他服务的价值在他服务完成后快速地递减。这就是为什么水电工是做工前跟你谈价格而不是施工完后再谈。

所以，请记住以下重点：

物品的本身价值可能增值，但是服务的价值总是递减。

别以为你做的让步对方以后会有所回报。

提供服务之前先把价钱谈清楚。

当顾客向你要求好处的时候你应该主动要求回报，例如你卖产品给客户的时候，谈好六十天之后交货，但是才过三十天，他就突然打电话给你，希望可以三天后交货，因为他们那边出了些状况，导致必须提早交货，这时候作为卖方的你会怎么想呢？

你会觉得反正货就在仓库里，提早交货自然没问题，还能早点收到货款。如果情况许可，你甚至可以明天就把货给客户。你这样想本意也没有错，但是我仍建议你可以顺势谈一谈交换条件，你可以表现出一脸为难地说：“老实说我不知道可不可以提早交货，我必须跟上面的人谈一谈。”言谈中表示若要赶进度，甚至需要跟现场工人一个个沟通拜托，看看他们有没有办法帮忙，然后大胆提出你的要求："但我想知道如果我帮你，那你能帮我什么呢？"

这样做可以有以下好处：

第一，你真的可以得到一些好处，例如货款的票期缩短、得到下次订单的承诺等。

第二，任何情况下都不要做免费的让步，当你要求回报的同时也要提高你让步的价值，就可以当作你成交之后，交换的条件。例如你跟对方说："我这次帮你打点了全公司才能提早出货，公司主管对我不谅解，是不是在票期方面给我方便，我才交代得过去。"

第三，可以停止对方的"蚕食"，因为对方知道每次请你帮忙，你总是要求回报，他们就不会再这样肆无忌惮地跟你要好处，所以当顾客向你要求好处时，你应主动要求回报。

那么，如何要求回馈才能既得到想要的，又不会引起客户反感呢？

如果你这样说："假如我这样帮你，你就必须这么做……"这句话过于直接，让人听了易生反感。不建议使用！当对方请你帮忙的时候，要避免语气过于直接，当然你会受到诱惑，想利用情势，趁机要求一些你想要的东西，绝对不能这样直接地趁火打劫，因为谈判可能会破裂，让一切白忙，还可能会破坏之前辛苦建立起来的信任关系。

可以改成："假如我这样帮你，那你可以怎么帮我呢？"这句话一定要背下来，当你这样问的时候，对方很可能回答什么都没有，但他也因此欠了你一次人情，或者客户只是说我们还是会继续做生意优先考虑你的产品也没关系，反正有要求好处多多，况且，你没有什么损失。

4 蚕食攻势的技巧

蚕食攻势的诀窍在于一开始只要求一点点，之后在谈判的过程中越加越多。我发现孩子们天生就是这方面的专家，为什么这样说呢？因为他们从小到大每一件事物，都是利用谈判技巧而得来的。

我有一个朋友，他小女儿高中毕业后，跟他要一个毕业礼物，在她的心中有三个目标，第一是她想去美国自助游一个月，第二她想要三万元的零用金，第三她想要一个新的旅行箱。她很聪明地不同时要求这三件礼物。朋友的女儿先跟他讨论度假的事情，我朋友同意了，他认为小孩应该出去走走看看。几个星期后他女儿给他看一篇美国自助游游记，那篇游记上面建议，去美国的零用金要三万，因为人们比较容易相信书面上的东西，于是他女儿成功要到了三万元。最后在出国的前三天，她跑来跟她爸爸撒娇说："爸！你不希望我到美国的时候，还提着旧行李箱吧！这个行李箱已经用好多年了，而且这次是要去一个月……这个行李箱不够装呢。"就这样新的行李箱也成功要到手了。假设她一开始就要求三件东西，她爸爸一定会和她谈判，先把行李箱删除，同时也会把零用钱打个折扣。

一口一口地吃的蚕食攻势在商场谈判上的应用

蚕食攻势的意思就是，如蚕吃桑叶般一口一口地吃，让对方不知不觉一步步地让步；其好处在于，第一可以让你与客户的合约变得更好，第二能让客户同意先前绝对不可能答应的条件。

优势谈判过程，就像推一颗球上山。这颗球是塑胶做的，比你的身体还大，你使尽吃奶的力气希望将这颗球推上山顶，山顶就是谈判过程中初次完成的协定，一旦你到达这个点，那么再将球推上山顶的另外一边，就非常轻松了。因为初次同意后客户的心里是舒畅的，他们会感觉全身放松，没什么压力，他们的内心转而加强刚刚所做的决定，对你的提议也比较容易接受。也就是说，当客户愿意向你买任何产品的时候，就是你再次努力的时候了，一般的业务人员与超级业务员，差别在于后者总是再尝试第二次，即便他们知道客户很有可能会拒绝，但是他们还是要尝试第二遍。所以请你在最后关头再努力一次，比如你在打包东西的时候说服客户应该买最上等的产品，因为他有这个财力，若没有谈成，你就先搁下这个话题，但是在他离开前再试一次，或当你们达成协议后也可以说："我想让你再看一眼最好的款式，我并不是对每一位客户都推荐这一款，但是我觉得这个产品非常适合你，而且每个月只要多付1000元而已。"客户可能这时就会改变心意回答："好吧！如果你极力推荐那款的话，那就来谈谈吧！"

假设你卖的是办公室设备，你的销售案包含售后服务契约，当你对客户说明这个方案时，客户说："我们不在意售后服务保证，我也明白你们主要是靠这个服务专案赚钱，我们公司很有钱，真的需要售后服务的时候，到时我们再付费就好了。"这时，你可能会想，那就不用再向这位客户推这个方案了。但是，假设你有勇气在离开前这么说："您要不要再了解一下服务内容，因为如果购买这个服务保障，我们会优先处理你的问题，而且有我们技术人员的监督，同样的问题不会再次发生，使用期限也会变长，而且每个月只要多付500元而已。"你的客户很可能会因此松口："好吧！如果你觉得那么重要的话，那你说明一下。"所以每次在最后关头再努力一次，就有机会说服客户支持之前不同意的事项。

另外一方面你也要小心别人对你的"蚕食鲸吞"。谈判过程中你会有非常脆弱的时刻，那就是当你以为整个谈判过程已经结束的时候。我确定你人生过程中一定也碰过类似这样的情形。例如，你是卖汽车的业务员，有客户找你买车，你因为订单谈成而相当兴奋，在进行所有问题协商之后，客户坐下来准备签约时，他突然抬起头对你说："可以加上第一次的免费加油吧！”这时处于谈判最不利的原因有两个：

你才刚和客户谈妥，马上就要签单了，心情很好，通常心情好的时候你会大方地给出平常不轻易给的东西。

你会想：“天啊！好不容易才把条件都谈好，我可不想重新讨论再重来一次，假如再讨论一次的话，我可能会失去这笔生意，这点小事就让步给他吧！”

也就是说，客户决定购买的时候，也就是你谈判战力最脆弱的时候。

你刚完成一笔大买卖的时候，心情相当兴奋，还没打电话向主管汇报这个好消息，这时你的客户也对你说，他需要打电话回公司知会采购。他在打电话的时候，把手遮住话筒，特别问了你一句：“对了！那个货款的票期可以多开一个月吗？其他的厂商还在等这个订单。”这时，你刚完成一笔大买卖，不想重新谈判，怕煮熟的鸭子飞了，客户正是利用这一点逼你让步。

你必须对抗并避免让步，你可以这样试着减低买主要求让步的可能性：

1. 用书面文字告诉他们任何额外让步的代价。列出相关条文，手边多放些资料，让客户知道让步的成本，列出各项花费，例如员工教育训练、机器安装、额外保固等。

2. 别让自己有让步的权力，拿主管当作挡箭牌，让主管当黑脸。当顾客向你要求的时候，你的正确回应就是温和地向客户说明你没有权限，让他觉得是自己提的要求不合理。

这么做的时候请留意，因为你正在谈判，所以你要始终面带微笑地说：“拜托！你知道是只有你们才是这个价吗？”这是当别人使用蚕食鲸吞政策的对应之道，脸上挂着笑容，他们才不会觉得被冒犯。

蚕食攻势的注意要点：

1. 在初次确定后，提出对方让步的要求，时机对的话可以要到之前要不到的东西。

2. 客户在下定决心后，可能因此改变心意，你可以说服客户多买一些，或是让产品升级或是购买其他的服务 。

3. 愿意多花一些时间再努力一次，这是区分一般业务员和超级业务员最主要的方法。

4. 要停止客户向你施讨小惠，利用文字向客户说明各种服务条件，不要告诉客户其实你有让步权力的。

5. 当客户要求小惠的时候，让他们觉得自己做得不对，但请注意礼貌，不能伤人自尊。

6. 避免谈判过后又开口要求小惠，要先将每一个细节都讲清楚，同时用技巧让客户觉得有购买的需求。

蚕食攻势如何用于人际交往

这部分我打算另外写一本书来说明，简单来说就是人脉的转介绍，像蚕吃桑叶般一口一口地慢慢吃，在不知不觉中将对方的人脉圈也变成你自己的人脉圈。懂得转介绍之后，就不必担心没有客户可以开发，因为每一个人的背后都代表者一群人，现在你要认识世界上任何一角落的人，只要通过四个人就可以帮你介绍认识。可以说，学会转介绍，全世界的人脉都将是你的客户。

假设人与人之间就算不认识还是有某种关连的“小世界现象”。根据微软MSN资料库，研究人员发现，陌生人之间的“人际间隔”平均为6.6个人，简单说就是这世界上任何角落的两个陌生人，只要通过六个人当中介，就可以和彼此建立关系。这个假设因此又被称为六度分隔理论。当他在1967年提出这套理论时，全球化网络与社群网站尚未成形，所以这个理论难以印证，沉寂近三十年后，这套理论因为同名电影而突然爆红，从学术纸堆中被翻出，今天脸书之类的社交网络就是六度分隔理论的最好证明。朋友的朋友刚好又是亲人的弟弟的朋友，女友的妹妹的朋友的表弟就是姐姐的家人，让人惊呼世界如此之小。

不过短短数年不到，这个拥有四十年历史的理论已经过时，因为根据最近的一个研究，现在是“四度分隔理论”了。是的，现在你与全世界任何一个人的联系，只需要四个人就可以达成。

“六度分隔理论”在2008年被证实，当时的研究依靠脸书的数据资料库和流量信息、地域关系，论证人与人的联系环节为5.28人；今天的研究已经证实全世界每一个人之间的联系间隔环已经缩减到3.57人。在一些社交网络比较发达的国家，这个数字会降低；如果是连接本国或同语言的“陌生人”，这个数字还会更低，可以预测，随着全球网络化与信息的普及，这个数字还会不断下降，“四海之内皆兄弟”将不再只是一句俗谚。

以下是人脉转介绍应有的心态：

1. 有要求就有机会

与朋友交往的过程中，只要时机恰当，不妨试着要求朋友介绍他的朋友与你认识，当然前提是你们之间要有一定的信任度，你本身也要是值得让人介绍认识的朋友，自己能力强大自然会有很多的转介绍。

2. 认为转介绍是理所当然认识新朋友的方式

很多人认为交新朋友一定要有共同的生活或交集，例如同学、邻居、同事等，忽略每天在你身边的朋友，他们背后的朋友也是你可以认识的朋友，一旦你把转介绍视为理所当然的方式，你就能很自然地要求朋友帮你转介绍他的朋友。

3. 随时随地主动出击要求转介绍

转介绍不需要特定的日子或时机，基本上你熟悉了转介绍的步骤，随时随地都可以主动要求，除非你是名人，才可能会有很多人要转介绍朋友给你。主动出击，马上行动，是转介成功的主要因素。

4. 把“转介中心”当恩人

这世界上没有什么是应该的，别人对我们好，我们要懂得感恩，受人滴水之恩，当以涌泉以报，懂得感恩的人才是最有福报的人，别人愿意把朋友介绍给你认识，表示他信任你：他愿意介绍朋友给你认识，表示他也要负担你行为不端的风险，别人愿意为你冒风险，你要懂得回报，形成一个善的循环。

今天就马上行动

是的！在你看到这本书的时候，你下一步就该拿出笔和纸，列出你的好朋友，看看你有没有哪个类型领域的朋友想认识，请他转介绍给你。主动出击，你朋友会很乐意介绍给你认识的，因为你要的是使用权，不是所有权，所以他们会乐意帮你转介绍。

多少人在苦苦追求成功，然而他们总是停留在口头上，总有人在苦苦地询问人脉建立的方法，可即使他们得到了方法又怎样呢？

唯有马上行动，才是成功的不二法门。怎样才能成功？有人说最重要的是要有目标，所谓“心有多远，就能走多远”，因为目标可以指引方向，可以不断激励我们奋进。有了目标，我们离成功就不再遥远，但是有了目标，不去执行又如何到达？有人说，最重要的是要有毅力，只要自己坚持不懈，就一定会成功，拿出愚公移山的精神，又有什么事情是办不到的呢？

当我们面临困难和困境的时候，最重要的是方法，所谓“工欲善其事，必先利其器”，认为好的方法可以发挥事半功倍之效，于是积极寻找最有效的方法，结果总是在目标与方法中寻觅，一无所得，直到最后，我们才发现，原来最重要的是“行动”！别再当思想的巨人，行动的侏儒，马上行动！想一想，有多少事因为我们没有马上行动而置之脑后，一个难得的建立人脉的机会，如果不是马上行动，最后的结果一定让你懊恼不已。

一个经营人脉成功者最重要的不是他的目标有多大，不是他的方法有多好，而是他的行动比别人多，遭受到别人的拒绝也是最多的。然而只有行动，才能谈得上方法，也只有行动，才能达到我们的目标，行动使方法得以体现，得以改进。在行动中，我们会想到如何行动，朝哪个方向行动，记得一开始在《调整心态，改变的起点》一章提到，要先开枪再瞄准，先行动再修正，而行动是克服困难的唯一方法。当我们决定行动时，自然会遇到许多的困难，会遭遇到不少的挫折，这一切都是行动的“副产品”，或者说是行动的必然结果，因为如果你不行动，这些困难和挫折就不存在，而行动的目的就是要解决这些困难和挫折，每解决一个问题，我们就离目标更近一步。去克服困难并且得到一次成功的感觉，你会觉得好像也没那么困难。Action！行动，马上行动！立刻行动！用行动体现你的主动性，证明你存在的价值，富有主动性的行动才能让你的能力得到提升！

你身边一定有喜欢帮忙别人的朋友，请他帮忙介绍他的人脉给你认识，请写下五位你觉得可以帮你转介绍的朋友。

1. ______________________________

2. ______________________________

3. ______________________________

4. ______________________________

5. ______________________________

第八章 永远不会准备好，去做就对了

1 订目标不是为了将来，是要影响现在
2 先从不容易被打枪的人下手
3 每天练习、每天进步一点点
4 让自己变成超级赛亚人
5 随时打开你的人脉雷达
6 检讨才是成功之母

1 订目标不是为了将来，是要影响现在

有些人不去设定目标的原因是：不知道目标的重要性；订了目标不知道怎样达成；不知道如何订目标。其实目标有着很大的威力：目标能使我们清楚现在最重要的是什么，能更好地把握明天；为你指引明确的方向。

哈佛大学有一个关于目标对人生影响的追踪调查。他们找到一群智力、学历、环境等条件都差不多的年轻人，了解他们对自己的人生是否有目标，结果是：

27%的人，没有目标；

60%的人，目标模糊；

10%的人，有清晰但比较短期的目标；

3%的人，有清晰且长期的目标。

经过25年的追踪调查，这群人的生活状况是这样的——

那些占3%有清晰且长期的目标的人，25年来几乎都不曾更改过自我的人生目标，始终朝着同一个方向努力奋斗，25年后，他们几乎都成了社会各界的顶尖成功人士，其中不乏白手起家的创业者、行业精英、社会精英。

那些占10%有清晰短期目标者，大都生活在社会的中上层。他们的共同特点是，那些短期目标不断被达成，生活状态稳步提升，成为各行各业不可或缺的专业人士，如医生、律师、工程师、高级主管等。

至于那些60%的模糊目标者，几乎都生活在社会的中下层，他们普遍有安稳的生活与工作，但都没有什么特别的成就。

剩下27%的是那些25年来都没有目标的人，他们几乎都生活在社会的最底层，生活过得很不如意，甚至必须靠社会救济，并且总是在抱怨社会，抱怨世界。

可见，目标对人生有多么大的引导作用。不要忽视设定目标的重要性，你选取什么样的目标，关系着你现在要怎么做，下一步要做什么，让你当下的行动更明确。

目标设定的目的，是为了达成。有了明确的目标，每天的行动就不会偏离终点太远，而目标最终是否能达成取决于你自己是否真的“有决心”每天重复去做到新的目标。

因此，为了拓展你的人脉，扩大你的好友圈，现在就开始行动，请先设定短期目标、中期目标、长期目标。

短期目标：初期以让自己适应不舒服和主动出击的感觉为主，如主动地向身边的人点头示好，主动帮忙一些小事。

中期目标：中期重心放在开始有实际上的交际行为，如一同用餐、参加课程等，都属于实际上的交际行为。

长期目标：长期要开始运用，如建立人脉开发团队、要求转介绍。

有感觉的目标，才可能实现

如果我一开始就要求不经常慢跑的你去跑半马21公里，你一定会想怎么可能做到。但人的潜能是无限的，一开始你可能没办法跑21公里，但走1公里，你总办得到吧！当你每天都走1公里，实施了一阵子之后，已经能适应1公里的距离和走的感觉，这时候我叫你改成每天快走1公里。快走的强度适应了之后，再请你改成慢跑，等你渐渐适应了慢跑之后，再拉长距离，从1公里、3公里、5公里，到10公里、21公里，你会发现原来你也可以跑半马。其中的重点在于时间，我们不要妄想一步登天，按部就班让身体适应不舒服的环境，适应后再慢慢突破，最终一定可以达到你要的目标。

阶段性目标达成后，还有一件很重要的事情，就是要练习庆祝。我发现有时候之所以行动没办法持续，很大的关键是“你没有获得奖赏”。

国外有个实验很好玩，研究人员让一只狗吃骨头，并在狗吃骨头时候就摇铃铛。之后只要给狗吃骨头研究人员就会摇铃铛，这样施行了几天之后，有一次研究人员没有给狗骨头吃，却摇了铃铛，你猜猜发生什么事情？答案是狗居然流口水了，没有给狗吃骨头为什么狗会流口水呢？因为给骨头跟摇铃铛产生了链结，狗骨头=铃铛。

所以我们在任何的小成功后一定要懂得庆祝，这样你的意识才会觉得被鼓励，你的行为才会不断地持续下去。奖励可以是去吃你想要吃的小吃，或是想看的电影，或是想买的衣服，物质上不能是太大的庆祝。因为大的庆祝是要有大的目标完成，小目标完成就只要小庆祝即可。

记得之前有一则广告很有意思，描述一群房屋中介在大街上发传单，来来往往的路人很多，但是所有的人都不拿传单。其中一个男生逐渐失去了信心，但他看到一个女生朝他走过来，就奋力地说：“请参考一下”！没想到那女生竟然将他手中的传单迅速抽走。那男生不可思议地呆滞一会儿，然后兴奋地大叫：“耶！我成功了！”然后大家跑过来为他喝采，大家把他抛得高高的，感觉他是得到奥斯卡最佳男主角一样，最后画面跳出来一个标题：“每一次成功，都值得为自己喝采！”

同样地，当你达到你自己设定的目标后，不用管那个目标的大小，一定要庆祝这个成功，记得：“每一次成功，都值得为自己喝采！”

2 先从不容易被打枪的人下手

奥地利心理学家阿德勒（Alfred Adler）认为，所有烦恼都来自人际关系。每个人都避免不了要和人打交道，人际交往每天都在发生，我们会遇上形形色色的人，被着各种不同的人际关系所困扰。俗话说：工作好做，人难处；三分才能，七分关系。尽管科技飞速发展，人类已经把科学探测器发送到了火星，但是，对于人际交往，科学家也难以说清楚其中的道理。

柿子要挑软的吃，一开始练习经营人脉可以先从身边的同事开始，例如主动关心同事，中午出去买午餐的时候问一下需要帮忙一起买吗？目标先不要多，先从一两位开始，渐渐熟悉与他人相处的模式再增加人数，从交往比较深的人做起，再慢慢往外扩散，例如一开始甚至可以从家人开始：

家人→朋友→同事→邻居→常买早餐的店家→陌生人→讨厌的人→恐惧害怕的人。

家人

通常对我们最好的是家人，却反而是我们最容易摆臭脸和不耐烦的对象，所以请你先从自己家人开始练习起，请把最好的态度留给最爱你的家人。

朋友

朋友不在多，在于诚。坦诚以对的朋友值得交往，你可以先从几个好友开始练习，让他们感觉你的不同，这时候大胆地去尝试书里的技巧，并且可以询问对方的感受，把他们的意见作为修正的依据。

同事

通常来说，“臭味相投”的人才会在一起当朋友，但同事就不是这样了，在办公场合很有机会碰到没有那么要好的同事，但是又得相处很久的时间，这就是你磨炼和练习的机会，试着把他们变成你的好友，试着把那些老是跟你唱反调的同事们拉到与你同一阵线。有人会说，老师你不是说要找对的人，有善意回应的人吗？怎么又要找跟你唱反调的人呢？请记住，这些都是练习，目的在于让你多吸取成功的经验，不在于你能不跟他变好朋友，能变好朋友自然是最好的，被打脸也好，被对方接受也好，总之都是练习，是为了让你更习惯主动出击。

邻居

所谓“千金买屋，万金买邻”，邻居在我们生活中扮演了很重要的角色，所以我们一定要跟他们保持良好关系。从这一阶段开始，希望你的基本功已经练到一定水准了，就可以开始作战。与邻居建立人脉关系其实不难，因为人会对住在周围的人自动产生信赖感，只要你稍微点头微笑问好的话，往往都能收获不错的人际关系。进电梯时请你主动打破僵局，聊聊天气等话题，如果有节日聚会，便可以邀请对方参加，一步步向外扩展你的人脉圈。

经常去的店家老板

这层关系很微妙，因为你是他的客户，他不得不理你，也不会想得罪你，但是也请不要在人家最忙碌的时候去找他攀关系、闲聊套交情。例如，你每天都要外食的话，可以刻意晚一点再去用餐，这样你去用餐时客人相对就不多了，你就有机会跟餐厅老板多聊几句。切记，要建立这种人际关系，重点在于一定要去得频繁，不能两三天才去一趟，可以安排在某段期间内天天去，而且一定要找朋友去吃，并且把老板找出来当着朋友的面大大称赞老板的手艺好、餐点好吃之类的，通过第三人的肯定，老板就会对你有比较深刻的印象，你和店家之间就比较容易建立好情谊。

陌生人

这就有些难度了。我的建议是看当场的情况，你只要抱持无所求的念头，真心地释出想要和他结交的善意。人和人之间的交往要看缘分，但是有时候面对很想认识的人，主动制造机会反而不会留下遗憾，这种搭讪功力我想是无论男女老少都必须拥有的，因为对方是陌生人所以搭讪的难度比较高一些，所以你的准备和功力也必须提升，我提出了一些基础内外在都要具备的前提，加上最后的小技巧，期望能通过这些方式，建立人际关系，大致上分为内外两个部分。

1.内在心态

· 心态要真诚，无欲则刚

其实对于新手来说，跟陌生人搭讪的确很难，而且最难的地方莫过于，你抱着目的去认识朋友，你会非常担心对方拒绝你而感到焦虑，其实焦虑的原因往往在于你把过多的注意力放在自己身上，担心表现得不够好，于是自身的情绪和内心忧虑无限放大，造成你的恐惧。其实，说什么不重要，重要的是你的态度。当你开口说话的时候，一切都暴露无遗，包括你的目的，那么对方内心要不要接受你，往往在于第一印象，你说什么已经不那么重要，重要的是你是否够真诚、和善，只有真心才能打动人。

· 让对方感觉舒服且没有压力

因为在搭讪过程中对方拥有拒绝的权利，会让你有处于弱势的感觉。这种心态我希望你能调整成“认识我是你运气好”，首先将你们的地位拉到相同的水平，其次用引导的方式来问问题，切忌过多地发问或者“查户口”，要先表明自己的来意并进行简短的自我介绍，再者是态度真诚，当互动感觉非常舒适，对方情绪正好时，可以询问联系方式，以便于后期深入沟通和邀约。

2.外在攻略

·形象

人要衣装，佛要金装。与初次见面的陌生人接触，第一眼非常重要，总不能因为形象邋遢，而让对方讨厌你，好形象能给人一个好印象。因为对方必须在最短时间内打量你之后，决定要不要跟你交谈，所以好的形象可以提高对方与你交谈的意愿。当然不是要你穿得跟明星一样讲究，而是要得体、干净，衣着颜色适中，不要过分夸张，整洁有序，鞋面干净，做到简约不简单、落落大方等。

·笑容

没有人会喜欢一张哭丧的脸，微笑可以增加幸福感，也可以让人喜欢你，提升你的好感度。

·特殊坏习惯

和陌生人搭讪时记住不要表现出一些特殊的习惯，例如抖动大腿、挖鼻孔等，因为女生很讨厌这种恶习。

·小细节

魔鬼藏在细节里，有时候细节决定成败。你把开发人脉当一回事，你就要去重视它，随时检视自己的细节，认识结交朋友的机会随时都有，问题关键在于这机会是不是属于你，机会是给随时做好准备的人。

讨厌的人

如果你能进阶到这里那就恭喜你了，因为这真的很不容易。面对不喜欢的人还要试着去释放善意而不是打他两拳，我先为你鼓鼓掌。如果讨厌的人有你要的资源，请你务必想方设法地让他喜欢你，除非你完全不需要他的帮助。但是，即便他没有你要的资源，对方也能帮你成长，你可以拿他当标靶，用枪不断地射击、修正、射击、修正直到打到靶心为止。我有一个学员找一个讨厌的邻居做练习，练习成功之后他发现自己不再讨厌那个邻居了，因为他之前总是看到邻居的缺点，所以越看越不顺眼，但在试着主动跟对方示好，强迫自己去看对方好的那一面之后，没想到，他发现很多的事情，并不是表面看的那样。所以，看人所短你将无人可识，看人所长你将无人不识。

恐惧害怕的人

当我们害怕某个人或某件事的时候，是因为只看到了事物消极、困难的一面，但事物都有两面，如果能以积极的心态去看看事物好的一面，就能减轻心中的恐惧感，一旦尝试并得到成功的经验后，便会增加自己的信心和勇气。

人生中许多害怕、恐惧的事，难就难在走出第一步，当你有勇气踏出第一步，其实你就已经成功了，之后你就会觉得，其实没有什么好害怕的。当你突破这个害怕障碍的时候，你反而会问自己："之前是在怕什么？"如果你想征服自己，就要勇敢迈出第一步，最难的往往是踏出第一步，一旦去做了，就会发现没什么大不了的，勇敢去做你害怕的事吧！

3 每天练习、每天进步一点点

第二次世界大战结束后，美国品管大师戴明（W. EdwArds Deming）博士多次应邀到日本松下、索尼、本田等企业讲学。戴明博士认为产品品质不仅要符合标准，而且要无止境地每天进步一点点。戴明博士传授的这个最简单的方法就是"每天进步1%"。

别小看这个1%的力量，你听过“蝴蝶效应”吗？纽约的一场风暴，起因是东京有一只蝴蝶在拍动翅膀，翅膀的振动波，正好每一次都被外界放大，不断被放大的振动波越过大洋，结果就引发纽约的一场风暴。

每天进步1%，持续365天，1年后的自己将比现在强37倍。强调持续进步的重要性，每次一点点地放大，最终会带来“翻天覆地”的变化。

香港海洋公园里有一条大鲸鱼，虽然重达8600公斤，不但能跃出水面6.6米，还能向游客表演各种杂技。有人向训练师请教训练的秘诀。训练师说：“在最初开始训练时，我们会先把绳子放在水面之下，使鲸鱼不得不从绳子上方通过，每通过一次，鲸鱼就能得到奖励。渐渐地，我们会把绳子提高，但每次提高的幅度都很小，大约只有两公分，这样鲸鱼不需花费多大的力气就能跳过去，并获得奖励。于是，这条常常受到奖励的鲸鱼，就更积极接受下一次训练。随着时间的推移，鲸鱼跃过的高度逐渐上升，最后竟然达到了6.6米。”训练师最后总结道，他们训练鲸鱼成功的诀窍，是每次让它进步一点点。正是这微不足道的一点点累积起来，天长日久，使它取得了惊人的进步。

成功就是每天进步一点点，如果你很想成功，有一个很简单的观念，那就是每天都比别人多进步一点点、多学习一点、多付出一点，比如：每天笑容比昨天多一点点；每天问候的人多一点；每天行动比昨天多一点点；每天正面思考多一点。如果你的职业是业务，只要每天比别人多谈一张订单，两个月下来就能比别人多几十张订单；如果你是工程师，只要每天晚上比别人多钻研技术一个小时，一个月下来就比别人多了三十小时的专业知识。

每天都多一点，一年之后就不是一点点了。每天进步一点点，假以时日，我们的明天与昨天相比将会有天壤之别，每天进步1%并不是说要用这1%来量化自己的行动，而是时时刻刻提醒自己要比昨天进步，只要每天都比别人“多”一点，长期累积下来，就能缔造非凡的成绩。

当然有时候难免会沮丧、会退步，不过只要长期保持积极向上的心，你的脚步始终都是往前迈进的，至于怎么才知道今天有没有进步1%呢？就要透过内省觉之，不断问自己，并审视自己的方向，感觉不对立即修正。

4 让自己变成超级赛亚人

如何变成超级赛亚人？《七龙珠》这一部漫画，应该大部分人都曾看过，主角孙悟空是来自贝吉塔行星的赛亚人，他在小时候以“下级战士”的身份被送到地球，之后被爷爷捡到收养，从一开始武功很烂到最后变成宇宙无敌强的超级赛亚人，中间每一次要提升巨大功力的条件是必须被打到濒临死亡甚至死掉，然后利用仙豆或是神龙许愿来复活（仙豆就是一种大小类似豌豆，吃一颗马上就能百病全消、精神百倍）。因为作为赛亚人，他们变强的条件之一就是必须在濒临死亡边缘复活，功力才会大增。悟空之所以能变成宇宙第一强的超级赛亚人，正是因为他在之前的磨炼过程中死了好几次。

观察你周围认识或是电视上，那些超级有人缘的“超级赛亚人”，其实他们也是在无数次挫折中一次次地变得强大，当然前提你要活下来。所以，我才会在本书一开始先谈到心态建立，因为你死了、你放弃了，再多的武功秘籍对你来说也是没有用的。

我们要在无数次的修炼、主动出击、马上行动中获得功力的增长，一次次地修正、行动，最怕除了死掉、放弃之外就是裹足不前，也可以说是原地徘徊，行动一小步也比原地踏步来得强。脑袋是我们人生中最大的编剧，也是最大的谎言制造中心，因为它被赋予的任务是保护你不被伤害，它才不管你人缘好不好、有没有人喜欢、有没有吸引力，它的工作是要你好好活下去，所以它会想尽办法让你不去做一些伤害自己自信心的事情，所以它会编织出很恐怖犹如真实的画面在你眼前，目的只是让你不去做你要踏出舒适圈的事情，所以我们只需要对大脑的好意说声谢谢你，然后勇敢地离开舒适圈，去做能让自己成长的事情。

我们一定要逼迫自己去习惯挫折，对于“被拒绝”的不舒服感觉，渐渐做到不受影响、不在意，做到这一次的拒绝不会影响到我下一次的行动，心里也不会有任何负面的情绪和抱怨，这样你终将蜕变成“超级赛亚人”。

5 随时打开你的人脉雷达

不知道你是否有过这样的经验，例如你需要买油漆，这时候你绞尽脑汁回想着家附近哪里有油漆行，可就是没有印象，于是你走出去在家附近逛逛，结果在一条每天都会经过的路上发现有两家，你纳闷道：怎么自己每天都会经过却都没有发现？

这是因为你没有打开你的目标雷达，当你打开你的目标雷达之后你就会在你之前接收的资料库中过滤出你要的目标。就像我们出入境的时候，经过海关时，海关人员的桌上都会放一张通缉犯的照片，让他们一直看目标人员的样貌，每当有人经过海关时，他们就会将他的对照雷达打开去比对，只要符合相关特征就会进行约谈。

在日常生活当中，我们其实有很多认识新朋友的机会，却都在不经意中错过当下的机会点，因为我们没有将雷达打开，让雷达随时随地去侦测机会，去收集资料见缝插针。例如，有次我走在路上看见一位老人家正在路边修理他的自行车，我看见那辆自行车的全车身都是碳纤维打造的，加上那位老先生一身NIKE运动衣裤，连鞋子也是，看起来身份不凡，于是我主动上前询问他是否需要帮忙。我看了一下，原来是自行车的一个螺丝掉了而没办法骑，于是我打电话给我的朋友寻求帮助，（之前我也玩过自行车竞赛，所以我的人脉资源里有开专业自行车店的老板）听了我的描述，朋友说他可以帮我处理，于是我给了我朋友地理位置。在等待朋友的过程中，我和那个老先生聊了起来。原来他是一家高级西服总代理商的老板，在闲聊过程中他觉得我人很不错，会主动帮助陌生人，还给了我他公司的VIP卡。那张VIP卡不容易取得，要在一年内购买超过十万元的西服客户才会有。之后通过LINE联系我和他成了关系不错的忘年之交，他也变成我的人脉资产之一。

在当时那个情况下，不是因为看到对方是有钱人我才主动帮忙，而是我始终把自己的人脉雷达打开，知道这是一个建立人脉的机会——因为对方需要帮助，我们主动付出，就有了机会。而且你也不会知道他背后有多强大的人脉资源，所以我们不要只看表面，就算他今天骑的共享单车我们也要主动帮忙。

值得注意的是，很多人往往都是帮忙完之后就没有了，所以这个人脉建立的机会是无用的。正确流程应该是：第一次接触→留资料→跟进→约访→转介绍。你在过程中可以通过聊天有技巧地进行询问，去勾勒出对方的背景，但不能像警察盘问那样，例如我当时是这样与那位骑脚踏车的长者搭话的：

这辆车真漂亮，应该不便宜？

您的谈吐感觉跟我老板的架势很像，您是从事哪一行的呢？

您的身材真好，平常还有做其他运动吗？

平常会去哪边骑车，可以给我推荐一些不错的点吗？

甚至可以当场相约骑车的行程，这样就可以顺口要联络方式，之后打电话邀约也会有正当理由。渐渐地对方会主动提供更多的信息，这时候你再“打蛇随棍上”，顺着对方提供的信息好奇地问下去，紧接着他可能会问你的背景，所以之前说到的提前准备好的一分钟、三分钟、十分钟的自我介绍就可以派上用场，重点是要互留联络方式，并在当天晚上主动打电话或是传信息关心，之后看状况是不是要进一步交往。

你要随时打开你的人脉雷达，去侦测你要的人脉，当然去的地方也要挑选过或是打听过。我之前做保险时想要认识大老板，就跑去练习高尔夫球，满心期待地认为可以在练习场上认识一些老板，没想到一到那里才发现都是一些跟我一样的人在那边练球。在我和老板娘混成好朋友后她告诉我哪个时段会来哪些人，我才知道地点对了但是时间不对，因为我都是晚上七八点去的，那时候是下班的上班族去的时段，而下午则是业务人员偷闲练球的时段，而大老板们通常都早上五六点就会来，所以老板娘建议我一大早就要到，她会介绍几个老板给我认识。隔天我再去高尔夫球练习场时，刚到停车场就发现不一样了，满眼都是一些名车，跟晚上去停车场看到的都是经济车型完全不一样。所以雷达要开，扫描的地点要选，不懂就要问，时时刻刻保持好奇心，人脉是靠主动出击去发掘、跟进、转介绍出来的。

6　检讨才是成功之母

凡事要检讨才会知道自己是不是在瞎忙做白工，但很多是没办法量化的指标，针对人际关系、信赖感，有没有比之前来得进步，我们必须时时自我检示。

一个好的人脉高手会自我检讨三个地方：

第一个，思考自己做对了哪些事情？很多人不了解自己成功的关键，因此无法不断重复他成功的关键，所以也没有办法将关键变成SOP的程序延续下去。

第二个，需要思考的事情是自己做错了什么？为什么这样做还是无法收获好人脉？失败为成功之母这句话是错的，因为只有检讨才是成功之母，假如我们不了解我们失败的原因是什么，不及时加以改进的话，整个结交人脉的过程就会不断地犯同样的错误。

第三个，人际交往的群体中一定会有出色的、好人缘、高人气的交际高手，所以我们要研究他到底做对了什么事情，他哪里做得比我们还好，要如何模仿他，进而超越他，同时他做错了哪些事情，我们应该避开它。

关于人脉拓展、扩大好友圈，或许可以从以下几方面，去观察与检示自己在人际往来中是否有进步，进而修正方向。

变忙

这一点没有可以量化的指标，通常是身边的人会跟你说："最近很忙喔！"因为随着人脉圈扩大，我们会慢慢地增加自己人际关系方面的工作量，所以不会觉得自己明显变忙很多，如果有家庭的朋友，当然另一半或是小孩就可以马上感觉到了。

你每天会忙，这是我要你做的功课。你会忙着处理人际关系中琐碎的事务，初期是不会有什么成果的，因为每个人的心门打开是需要时间的，人际交往中，不求急不求快只求稳，关键在于扎实，把每天的行程当作吃饭一样，饭好吃你也得吃，不好吃你也要吃，所以把发展人脉的工作，变成生活的一部分，你才会持续做下去。变忙后的你会觉得生活更加充实。

LINE信息

看到LINE为读取的信息会比以往多出很多，但是要扣除一些广告群，但是一些吃喝玩乐的群也要算进你的人脉群，建议向这种群可以转发一些正面的文章、网络笑话、美食景点等，但是切记不要发负面的文章，或者与政治、宗教相关的内容。

你或许会说："怎么那么多限制？"记住我们的目的是多结交一些朋友，凡是违背这个目的的事情都不做，以目标为导向。"你若成功了，放屁都有道理；你若失败了，再有道理都是放屁"，这一句话虽然很伤人，但这就是现实社会的真实面貌，所以请做可以结交朋友的行为，其他的就不需要多做了，再提醒你：没有雪中送炭的人际关系，只有锦上添花的人脉圈。

脸书点赞人数

这个指标我觉得非常好用，因为脸书可以看之前你发表的文章有多少人点赞，再跟现在发出的贴文做比较，就可以一目了然，快速知道你经营的人脉有没有增加。当然有些人会跟我说，很多人我都不认识加他好友干吗，我想说的是，所有人都是你的朋友，只是你还没有认识而已，所以在脸书世界我建议是多加一些朋友，不管你认识不认识，但是有一些加你之后老是在直播卖石头或是其他的产品，这一种的账号我就归类成无效的人脉账号，最好的是照片是他自己本人的照片，也有定期发表一些文章，当然有的是潜水客，这一类的朋友也是很重要的，因为他们虽然不会点赞或是留言给你，但是他们还是有在关注你的动态。

我建议打算好好经营人脉的朋友，一定要常常在脸书上曝光，让你的朋友们知道有你的存在，你可以转贴文章、打卡、发表一些正面的贴文，相信你的点赞人数会越来越多！

你可以把脸书当作你成长的记录，一年后再回顾你一整年的行动，看到自己不断地向上提升向前迈进，届时你能深刻感觉到自己的成长。

费用支出增加

人脉等于钱脉，这句话的另一个意思是说交朋友也是必须花钱的。有学生说“老师你这样说太市侩了”“交朋友也可以不用花什么钱啊”“靠花钱交的朋友，哪是好朋友”，那时我只问他们一句话：“你们不花钱的朋友有带给你什么好处吗？”不用急着回答我，相信你的内心已有答案了。

不论是在政治上还是生意上，哪一个场合不需要花钱去营造？不只是交女朋友需要营造，好朋友也需要，有人说交女朋友很花钱，那交朋友就不花钱吗？英国研究指出，做一辈子朋友的花费一点也不便宜，向朋友掏钱的机会相当多，一生中可能得花上好几万英镑。

据英国《镜报》报道，如果你们只是一般朋友，花费可能不会这么多，但以40年的友谊来说，你至少要花23870英镑，例如你必须花4679英镑替他过生日、当朋友失恋你要花168英镑带他去散心、你外出旅游时会花242英镑买礼物，或是你们分隔两地，就必须花18000英镑作为探访旅费。此外，当对方要结婚时，你可能会花431英镑当作礼金或用于结婚前一晚的单身派对；当对方有小孩时，你最少会花283英镑买礼物送给他们；当对方搬家时，你的花费是127英镑庆祝乔迁之喜。尽管如此，有超过八成的受访者认为，这是值得花的钱，也就是说，朋友在人生中，是很重要的关系。

花钱交的朋友我个人觉得有以下的好处：

1.花钱交的朋友才是“免费”的

这跟最好的人才都是免费的意思大致相同，有的公司请人才会担心付给员工的薪水收不到效益，被浪费了，所以开出的薪水就比业界同级职位来得低。但因为薪水较低，吸引来面试的人都是一般般的人才，那些好的人才是不会被吸引来的，于是这些一般般的人才常常犯错，不但造成公司的损失，甚至还得罪客户和厂商，整体算下来你不但要付他薪水，连同那些损失算进去也是一笔开销。如果你一开始是用一般人N倍的高薪和高职位去吸引优秀的人才，最终其实他是免费的，因为他为公司带来的利润会远大于你支付给他的薪水。同样的道理，你为了省钱去交一些不用太花钱的朋友，例如聚会都在一般的小吃店，旅游都走平价路线，咖啡也只喝7-11的咖啡，打球就去公园里面打打免费的篮球，这样你就碰不到太多的机会。要交什么朋友，你得先往那个圈子靠近，这叫目标导向。例如我有一个朋友，他的公司生产游艇，所以他都是往一些跑车聚会的圈子靠近，例如保时捷、玛莎拉蒂、法拉利等跑车的聚会场所，因为唯有这些人脉才是他可以推销游艇的精准客户，总不能去丰田、现代等车友的聚会推销游艇吧！

2.花钱交的朋友才是“实在”的

因为生意人知道彼此的交往都是为了利益好处而交往，不会有什么太不切实际的幻想，或不合理的期待，都是你带给我什么好处我给你什么利益，今天你请我吃龙虾，明天我请你吃鲍鱼。有时候，花钱交的朋友是不喜欢占人便宜的，因为他了解其中的道理，往往那些让我们气得半死的朋友都是所谓的不用花钱的好友，他们会占尽我们的便宜，还认为理所当然。我有个女性朋友相当漂亮，她凭着亮丽的外表出去吃饭应酬都不会付钱，似乎每个人都必须帮她出钱。很久之后有一次她问我，怎么那么久没有饭局？原来她还不知道问题就在于：她觉得人家请她吃饭是理所当然的。

3.花钱交的朋友才是“省时”的

我们知道交朋友怕的不是花钱，怕的是没时间去交际应酬，尤其是不谈钱的朋友更是要注重心灵交流，没事要打打电话关心一下，偶而聚餐聊聊心事。这些不是不好，麻烦的是如果你有五十个这样的朋友要交往，你可以想象你有多忙了吗？花钱的朋友很省时指的是不用啰唆，钱可以代表时间、可以创造价值、可以营造气氛等，可以在短时间之内达到一甲子的功力。

4.花钱交的朋友才是“省力”的

前阵子有个朋友办一场求婚花了不少钱，而几年前也是有个朋友办一场求婚，他没有花什么钱，因为所有的道具、设备、软硬件、工作人员等都是自家亲友，那一场也算成功。但是相比较起来我还是会建议就交给钱来处理吧！有人会说自己办求婚才有意义也比较省钱。比较有意义，这点我们就先别谈了，因为那是对你有意义，对于参与求婚准备而累得半死的朋友可不见得有意义。省钱这件事看似你省不少，实际上你也亏不少，亏在哪里呢？

首先，这些帮忙的亲友们的人情要不要还，钱好还，情难算。

其次，你花的这些准备时间和精力真的比花钱来得划算吗？

交给专业人员，有其品质水准在，你自己策划的是一辈子的惊喜，这个风险你承担得起吗？要是中途有出什么状况，不是很尴尬吗？毕竟你的工作人员都是没经验的，所以“钱”很现实，也很实在。

5.花钱交的朋友才是“简单”的

因为大家没有太多的牵绊都是为了彼此的利益，可以一起合作创造双赢，目的性是一致的，不用去猜测你需要什么，我要怎么满足你之类的，可以很简单地坐下来开诚布公地谈，谈彼此的优势可以帮对方创造哪些利益，利益怎么分配，将来如何再次合作等，不必客套地来来往往互相试探，浪费时间。这样的交往才是简单的合作共赢关系。总之，如果你的人脉圈开始动起来之后，你会发现你的支出变多了，时间减少了，初期你还没壮大时，请你配合人脉强大的人，等你哪一天变得强大了，你要别人怎么配合你，都不是问题。

收入

人脉虽然就是钱脉，但是要如何把人脉转变成钱脉则是一门学问。这个部分可以分两个层次来说：第一是直接的收入；第二是间接的收入。

直接的收入其实就是你的本业收入，例如你从事保险业，为了让你销售保险而建立的人脉，又或者你是一家企业的老板，为了你的企业去建立相关客户的人脉，是为了提升营业额，这些建立人脉的收入是直接立即性的收入。

还有一种是间接的收入，例如说我有一个朋友从事油漆装潢的事业，因为想要练习高尔夫球所以去练习场打球，在练习场认识一个专门做玉石买卖的朋友，认识久了也变成不错的朋友，那朋友长期在国外挑玉石较少回台湾，台湾玉石的部分就请我做装潢的朋友负责接洽，他也教导我朋友玉石方面的鉴定和买卖技巧，结果最后油漆装潢的部分我朋友渐渐做得比较少了，反而全心投入玉石产业，也为他带来比之前做油漆装潢多好几倍的收入。另外，健康方面也有所改善，因为做装潢的长期提重物、长期吸入油漆味都有一些职业伤害，这也是间接的收入。

人脉圈其实是很有意思的，你不知道你新认识的人会为你的生活带来什么样的改变，会为你增加什么视野，背后的一切都是新奇的。只要你心存正面的心态去面对学习，每一个人背后的故事都是值得你学习的。

不要一开始就是以利为优先，任何人都不喜欢输的感觉（吃亏），所以你想要获得什么请你先给对方什么，你想要爱就先给对方爱，你想要诚信你就先给对方诚信，你想要利益就先给对方利益，先出让你的营利点，把自己当作商品一样，要让人试吃、不满意退货、CP值最高、保固时间等，把自己推销出去，钱自然就会从四面八方而来，有时候也不是即时，而是可能在一年后，或N年后含高额的利息一次回馈给你。